玛思威系列丛书

朱俐安◎著

第2版

美容院经营管理

108 Tips for
Beauty Parlor Management

108问

经济管理出版社
ECONOMY & MANAGEMENT PUBLISHING HOUSE

图书在版编目（CIP）数据

美容院经营管理 108 问（第 2 版）/朱俐安著. —北京：经济管理出版社，2010.8（2021.8重印）

ISBN 978-7-5096-1041-1

Ⅰ.①美…　Ⅱ.①朱…　Ⅲ.①美容—服务业—经济管理—问答　Ⅳ.①F719.9-44

中国版本图书馆 CIP 数据核字（2010）第 126059 号

出版发行：**经济管理出版社**

北京市海淀区北蜂窝 8 号中雅大厦 11 层

电话：(010)51915602　　邮编：100038

印刷：唐山昊达印刷有限公司	经销：新华书店
组稿编辑：勇　生	责任编辑：勇　生　邱永辉
技术编辑：杨国强	责任校对：郭　佳

720mm×1000mm/16	16 印张　　190 千字
2010 年 8 月第 2 版	2021 年 8 月第 10 次印刷
书号：ISBN　978-7-5096-1041-1	定价：38.00 元

序

经过近10年的增长，中国美容业已经过渡到一个整体洗牌阶段，在前一轮竞争中，经营者可以靠机会制胜，谁抓住了机会，谁就能赚个盆满钵满。但在新一轮的角逐中，游戏规则已经发生了根本性改变，靠把握机会就能生存并实现发展已经成为过去，经营管理制胜和知识制胜已成为新的赢家法则。只有掌握了美容业的经营管理方法和技巧，才能"登泰山而小天下"，在越来越复杂的竞争中傲视群雄。朱俐安女士集多年美容业咨询和培训经验之大成，倾注心血写成的这本《美容院经营管理108问》，是献给美容业经营管理者的一份厚礼，它给我们解答了许多中国当代美容业经营管理中的热点和难点问题，交给了我们一把在美容业赢利的万能钥匙。

本书的主要特点体现在哪些方面呢？我认为有以下几点：

一是它的内容鲜活，作者站在理论和实践的前沿，针对美容业成长中的最新问题，如当前美容业管理中常见的错误、美容院经营中的观念和技术问题、如何突破美容院的销售障碍、如何选择新的广告媒体、如何管理好美容院员工、如何保持和发展会员等，采用问答方式做了深入而详尽的介绍，语言活泼、形式新颖、易学易懂。

二是它的实用性强，美容院如何避免员工流失、美容院怎么开早会、美容院销售业绩如何较大幅度提高、美容院店长如何当等，这些问题都是实实在在的实操性问题，针对这些，作者给予了切实可行的回答，一看就会，易学易用。

　　朱俐安女士曾有多年的大学从教经历，也有丰富的企业管理方面的经验，近年来一直在从事美容行业的课题研究。对全国许多城市的美容院进行过咨询和培训，是2003年"深圳十大金牌顾问"之一，在咨询界和培训界享有盛名，她的著作既是实践的总结，也是理论的升华；不但具有重要的理论意义，而且还具有很强的实操性，是中国美容业一份不可多得的好教材。

美国国际训练协会常务理事

杨思卓博士

前　言

　　这本书是在数千名美容院院长的要求下写出来的。没有她们求知若渴的精神激励，我几乎没有勇气写完这本书。它并不完美，也不一定有高深的理论知识，我只是把我对美容院现状的了解通过问题解答的方式与同行做了一些美容院经营管理方面的探讨，它侧重内容的实用性和有效性。而且我也希望浅显易懂的文风有助于美容院经营管理者理解内容。本书在美容院经营发展的转型期适时出现，是这个行业发展中的呼唤促使我回答这些问题，我寄希望于它能为这个高速发展时期倍感困惑的美容院经营管理者提供一点思路和一些方法。

　　此书的思路来源于我多年开设的美容院经营管理咨询讲座，我是从1994 年开始对美容行业进行研究工作的，这个行业的许多成功人士给了我启示。通过对她们个人事业的成长与衰退的观察，让我得以近距离研究这个行业，从而了解这个行业，到最终热爱这个行业。

　　我在从事企业管理咨询中发现，发展中的美容化妆品行业给我们提供了巨大的舞台。它让许多爱美的人成就了自己的事业，同时也正以严酷的市场法则让投机者为自己的无知与冒险付出了巨大的代价。在令人措不及防的发展中，许多自负的人失去了唾手可得的发展机会。同时，在进行企业管理咨询与培训时，我自己关于企业经营管理与企业营销策划的实战经验，得以与更多的客户分享。在与学员进行交流的过程中，很多方法与观点不断得到修正，以更适合这个行业的经营者吸收和理解。这促使我把实用的观点与能够立刻采用的管理技巧写出来与业内人士分享，使她们在经营与管理中少走弯路。于是，我才有了"108 问"的想法。

　　本书从经验出发，试图从解剖美容院经营管理者的问题入手，让美容院的经营管理者和想进入这个行业的读者了解这个潜力巨大的行业发展脉络，了解美容院经营管理的方法和困惑，了解美容院的员工素质及改善的途径，了解美容院客户的需要及留住客户的方法以及美容院面临的市场机会与挑战，使她们通过对美容行业现状的了解，把握存在的问题，逐步提高认识及管理水平。希望本书能为这个行业的经营管理者提供关于美容院经营管理的一些可以借鉴的思路。我也希望本书中提到的很多管理与营销理念、技巧及员工培训与沟通方法对其他行业的管理者同样有借鉴意义。

朱俐安

目　录

第三部分 附件

第四部分 练习

第一部分 ▶
美容行业发展的回顾与分析

概念炒作的习惯模式创造流行

20 世纪 70 年代末 80 年代初开始起步的中国内地美容行业，在开始时，还仅仅是由美发店派生出来的连带性服务，后来就一发而不可收拾。在女人们对美白的追求中，一家一家的美容院静悄悄地开在了各个主要城市的大街小巷，刚刚从极"左"思潮解放出来的时尚女性开始勇敢地追求美白，但是还没有形成潮流。人们还只能偷偷地追求自己的美丽。但是，这种追求美丽的萌芽对这个行业的发展已有足够的预示意义，它预示了一个行业的未来发展将因为女性对美丽的渴望而蓬勃。当年，因为缺乏正规的为美容院专用的美容产品，第一批为美容院生产产品的厂家出现了。厂家刚开始时规模都不大，大部分由中国香港引进原料，在广东生产，包装也不讲究，但却出现了产品供不应求的局面。高额利润的市场回报培育了一批厂家，使之完成了原始积累并开始了对美容院专业产品的研发。到 20 世纪 80 年代中期，第一批产品研发厂家初具规模，这些厂家以先入者的幸运开始了迅速的市场扩张，与此同时，美容业的市场规模也以日新月异的速度增长。

第一批发达的厂家是靠概念打开的市场，为了给美丽一个理由，当年最流行的是"换肤"。"换肤"风潮给一大批业内人士提供了致富机会，当年挤破柜台的热销场面在以后许多年都被人津津乐道。接着是"换肤"过后留下的一大堆问题皮肤，它促使业内培养了一批解决"问题皮肤"的高手。这使敏感性皮肤必然要依赖的脱敏专家队伍进一步壮大、治疗性美容院得到了进一步发展，从而也使一批靠生产疗效型产品赢利的厂家迅速壮大。当然，从消费者角度看，这里既有盲目追求美白的不成熟，也有美容产品过少、难以选择的前提。可是巨大的利润和成功如此容易，也为 20 世纪 80 年代末期第二轮的"自然"概念炒作打下了坚实的基础，"芦荟风"的出现又培育了一批企业，造就了一批美容院。然后，是 20 世纪 90 年代初期的"生物美容"概念，一批专家和科研机构开始进入这个行业，并迅速形成品牌效应。专业线产品通过美容院做终端建立的销售网络开始初现端倪。由于"疯牛病"的出现，美容行业的炒作重点转向了仪器，"光子"等仪器的科技含量和治疗效果被大肆渲染，又富了一批厂家。因为一有新仪器，美容院就会打广告，客户刚进门，就会发现，旁边的很多家美容院都开始打相同的广告了，只不过价格越来越低而已。这种势头越来越猛，新产品、新项目的生命周期从过去的两年到一年，发展到现在的不到六个月，推出的新项目价格已跌至谷底。这就促使美容院又去寻找新产品、新项目。目前，美容院的无创伤美容塑形带着"韩流"广为流行。爱比夫、羊胎素、肉毒杆菌、玻尿酸等层出不穷，每

10 年的大学教龄，15 年的企业高管经验，形成了朱俐安老师独特的个人风格

一种创新性的产品和项目都会在市场中掀起热点，但也存在着巨大的风险，像金丝美容带来的造假和暴力风波就已经让客户警觉，也伤害了一大批经营者。

在这样的发展曲线中我们看到了什么呢？选择产品和项目越来越从容、聪明的消费者出现了。消费者的成熟已经在美容院经营越来越难中得到了反映。2000 年开始流行的光子嫩肤没到一年已经变成了美容院的常规项目，项目的吸引力和概念带来的领先效应时间越来越短，利润越来越低，让业内的高手又转而寻求新的利润增长点。

业内人士寻找产品救市的投机性思路模式，引发了利用美容展会进行招商加盟的美容业流行风。现在，全国性的美容展会每年不低于 10 家。这一方面预示了这个行业的迅速发展；另一方面催生了业内高手开发另一种盈利模式——既然赚客户的钱不容易，那么，就赚美容院老板的钱好了。而后进入的大批美容院老板因为经营困难，找不到想象中的高额利润，又给这种为美容院提供产品营销系列解决方案的"连锁加盟"提供了广阔空间。从 2001 年开始利用展会开始"加盟"的炒作风，到 2002 年达到高潮，2003 年就已经热度渐消，美容院经营者变得很谨慎了。当然，这期间有很多真正的品牌在崛起，在发展中壮大。这足以证明这个行业的发展魅力。可是其中，用产品宣传、大肆广告轰炸包装赚美容院的钱的人也不在少数。例如 20 世纪 80 年代，靠产品轻易就可以赚到消费者的钱，现在从消费者身上赚钱感到困难的产品经销商，脱胎于美容行业的一批盈利高手，已经转而在美容院院长的身上找到了新的利润增长点。为了加快赚钱的速度，从 2002 年开始的加盟热已经形成一种合同加盟和伪连锁的态势。其中鱼沙俱下，大肆承诺，免费赠送仪器、产品、培训，1 万元买个市级代理，保证一年让你赚到 100 万元的声音成为投机者"圈钱"的主旋律。而苦于市场竞争激烈、赚钱不得要领的幼稚的美容行业从业者在加盟商免费提供宣传、产品、仪器、管理服务的吆喝声中，又把自己的一切压在了加盟上。希望专业的指导又缺乏辨别力的美容院一哄而上，这又让一批炒作高手功成名就。

现在，连一个镇上的美容院老板都知道加盟连锁是块肥肉，都在满世界 OEM。在某种意义上，我们可以认为以炒作为主题的行为已成为持续演变的一种行业规律。这使我们不能不担忧，假如业内人士的重点放在了追求暴利和简单经营上，并没有放在满足女性消费者的需求上，这种行业的急功近利如果不改变，我们又怎么能从消费者手中赚到钱呢？缺乏消费者的美容院无异于无源之水、无本之木，又怎么能够发展和生存呢？实际上这个行业的发展速度太快，以至于使很多人无法看到危机。这种危机就是，行业规模越来越大，单体利润会越来越低。假如美容院不明了这一点，就会在不停地交出加盟学费的同时，面临客户离开、竞争对手不停增加的淘汰危机。如何避免危机？当客户开始离开时，意味着行业整合的开始，当一批通过专业能力满足客户需求的，拥有管理素质和经济实力的代表品牌开始出现时，这个行业也将进入她的发展期。会出现"大鱼吃小鱼、小鱼吃虾米"的整合现状。没有对未来做好准备的很多人会在这种大浪淘沙中付出大把学费。

整体素质偏低的经营者队伍

由于进入门槛很低，千把块钱就可以开店，由许多求美爱美女士开拓的这个行业人员整体素质至今依然偏低。美容行业的经营者因为前期赚钱过于容易，只靠一点小主意就在当地成了"气候"。所以想当然地认为自己很了得。这种低素质表现在以下四个方面：

第一，过于自信带来的"满杯"心态。不听别人的，我就这样不也发了吗？因为这个行业的高速发展无形中令它的成功者夸大了自己的能力——这从炒作风一直左右着这个行业就可以看出。一些精明的炒作者正是利用了这个行业总体经营者的短视和幼稚，在她们身上赚取最后的暴利。而美容院的许多经营者因为不懂管理，只想取巧，贪图省心，认为有人为自己正在头疼的业务额下降、客户流失带来新概念、新方法、新仪器、新产品，何乐而不为呢？于是，每天让自己陷于不停地尝试中。我经常对我的学员讲的一句话就是，现在花钱交学费的速度和前些年赚钱的速度一样快。

第二，近亲管理模式。武大郎开店——比咱高的不用。因为美容院投入不大，自己做客就可以开业，而发展不错的美容院老板都有一套较具亲和力和吸引力的个人魅力。所以在用人上倒是高度一致，家族性的民营企业特性更为明显，有先生介入的美容业经营公司明显加入了代理产品或仪器的业务成分，在当地可以算是地方同业的老大。没有先生介入的美容院一定有姐妹或亲戚参与，因为放心，所以才敢用。这也表现了这个行业管理者的普遍共性，因为自身能力的局限，只能用一些自己能控制的人，从发展的角度看，这已经严重制约了这个行业的发展。

第三，员工素质偏低。美容业虽然经过多年发展，形成了巨大的市场发展空间，但是，传统的从业趋向从来没有把美容行业作为首选或必选。因为整体经营者的素质和管理经验的不成熟，高素质的人又不愿意进入缺乏正规管理的家族事业中来。无形中，这已经成为行业发展的"瓶颈"。由此引发的不正规、投机性、局限性正在让这个行业开始进入发展中的"阵痛"时期。这是高速发展时期的大浪淘沙，懂管理、能抓住机会、拥有人才的业内高手，就会发展成为这个行业的领军人物；对缺乏远见、没有眼光、小富即安的小本经营者，恐怕市场的考验还在后头。在同质化越来越严重的今天，美容院最终能否生存下去，还要看其内功如何，仅靠广告恐怕无济于事。为什么情况会这么严重？只要你看一看，与我们的投入比较一下，越来越低的营业额你就知道了。随着一条街上只有一家美容院的时代的结束，现在，一栋楼里有 20 家美容院的情况比比皆是。客人的选择空间和余地大了，直接影响价格，导致利润降低。从某种意义上说，从加盟风一开始，这个行业的暴力时代已经结束。

第四，普遍缺乏规范的管理制度。经营者做事经常是按行规行事，其结果是工资高，利润低，缺少福利待遇，人情投入大于规范管理，人员流动偏大，发展速度受限。

消费者的要求越来越高

20 世纪 80 年代的女性消费者在美容消费上仅仅表现为一批时尚人士的初步尝试，而美容知识、产品的缺乏和消费者本身的不成熟都为行业的发展提供了感性消费的空间。为美白而换肤，为美丽而不停地尝试各种产品的热潮也充分反映了消费者的不成熟。而现在，历经 20 年的经济发展，消费者已经越来越成熟，不管是在美容知识上，还是在美容商品的选择上，都有了足够的经验和选择余地。如果多年前没有美容产品只靠美容院的炒作还可以让消费者趋之若鹜的话，那么，今天，商场内琳琅满目的国外化妆品已经占据了中国高端美容产品市场的 78%~86%。假如美容院依然靠概念和产品就想取得消费者的信赖的话，恐怕没那么容易。女士们把钱花在美容院，一定要在美容院买到不同于商场产品的东西，可以不是名牌化妆品，因为她们可以在任意一家百货公司买到各种名牌产品。那么，女士们花钱要买什么？只不过要买一种感觉，跟自己在家里护肤不一样的感觉。她们究竟要买到什么样的感觉呢？美容院能否满足这种感觉？让我们共同探讨一下女士们来到美容院的需求问题，不解决这个消费者的需求问题，任何炒作都是盲目投资，除了交学费还要花钱买教训。因为任何产品和宣传都得针对消费者才有用。而看看现在的行业广告，她们针对的是美容院院长。当每一个美容院院长成为厂家争夺的客户时，我们美容院的客户在哪里？没有了客户，我们从厂家拿到的优惠和产品能维持我们的利润吗？所以，了解消费者的需求对美容院来说是至关重要的大事。请看一下消费者的需求：

◆美容院的声誉好吗？

◆美容院有什么服务项目？

◆美容院使用的是什么产品？产品有效吗？

◆美容院采用的仪器安全吗？

◆价格怎么样？合理吗？

◆护理都有哪些程序？

◆美容院员工的素质怎么样？

◆美容师做了多久？有认可的专业资格吗？

◆美容院的环境怎么样？卫生情况符合标准吗？

◆我买了卡，美容院会关闭吗？

◆美容院的地点、交通方便我吗？

◆美容院有售后服务吗？会不会花了钱就没人管了？

◆美容院能做到对我的个人资料保密吗？

……

对照一下，我们的美容院能满足这些需求吗？如果能满足我们消费者的要求，我们的美容院又要具备什么样的条件呢？我们还要探讨一下美容业发展中的业态变化。

美容院的五种主要经营模式

　　最开始形成期的美容业不过是寄生于美发业的附属品，不过一两年功夫，人们就尝到了新兴行业的甜头。美容业迅速开始自己的成长。从一家一户的小店，到自己生产产品的化妆品生产厂商，从单独的美容护肤到整形美体，从美容美发一体化到美容整形加学校的综合实体，分分合合。从 20 世纪 90 年代初，美发业开始向独立专业化发展。而从 2002 年 5 月 1 日开始，卫生部出台的《医疗美容服务管理办法》正式实施。它标志着整形业在政府的管理中进入行业规范。非获得卫生行政部门登记注册并获得《医疗机构执业许可证》的人士不得从事整形业。这种变化一方面反映了行业的规模已经足够大，大到开始进入国家的管理视野；另一方面给我们业界敲响了警钟，从前的投机机会已经在规范中逐步减少，这标志着行业的发展进入规范经营阶段，利润空间将大大降低。现在，美容院已经在众多行业的投资者纷纷加盟中，感受到了危机的气氛。客户越来越少，价格越来越低，价格越低客户越不来。在这种恶性循环中，一批定位准确、管理先行、人员素质较高的美容院开始了高速成长。

　　纵观这些发展势头良好的美容院，无一不是在走自己特色经营的路子。我们可以把美容院的经营分为四种模式。

　　第一种，专业会所类美容院。这种会所的服务对象为高端客户，项目种类多，仪器领先，以生活护理为主，更重视享受的感觉及高档产品的效果。强调专业管理、重视服务水平、环境装修高档、产品设备投入高、经营项目丰富、重视广告宣传。这种会所因为定位准确，多可以成为本地知名企业，也由此吸引了资金拥有者和加盟者。但是，由于发展观念、管理水平和人才的局限，很多会所满足于现状，无力扩大规模。另外，会所为了收回资金，用中低价格拉动消费者。太低的价格虽然可以使很多客户进门、现金可以回流，但是，如果在经营中硬件跟不上，像床位、人手不足的话，接待能力不能满足客户要求，客人来了订不到位，也会影响后续经营和客源稳定，负债也会相应增大，不可不防。

第二种，治疗特色类美容院。这种店以问题性皮肤客户为主要对象。以专业祛斑治痘减肥等功能性项目为主营业务。这种店规模小，有针对性消费群、固定消费对象，利润薄而稳定。强调效果和安全，相对依赖美容师的技术，需要积累和专业培训，正因为技术含量比普通生活美容高，难度也相对加大，对产品的要求就不仅仅是牌子，更看重效果，这类治疗性美容院容易用口碑传播产品，是很多疗效型产品和培训加盟突破的主要对象。相对会所而言，其客户为中低端消费群，但是走量很大，是治疗性产品、中医产品的主战场。这类模式要做的是在服务项目上突破，否则会出现治疗后的客人又去选择其他美容院做生活护理，只能赚阶段性的钱，不能赚永久性的钱。

第三种，增值服务型美容院。开设美容连锁店是为了销售自己的产品，美容成为产品品牌的增值服务，这种店多以大规模的名牌产品线为依托，走名牌连锁的路子。规模中型，数量多，对象为城市的中低端客户群。美容院经营者借助的是对方的品牌吸引力，为品牌打工的经营模式做起来可以双赢，不需要为产品和宣传操心，开店所需要的设计甚至销售培训、广告内容、海报招贴，一切都是统一规划。这种店经营好可以有稳定的利润，经营不佳则会因为人员的不专业砸了品牌，也难于盈利。在这种模式的发展中，也存在区域性产品的适销对路或经济收入决定的消费水准限制问题。

这类模式目前鱼龙混杂，既有国际连锁的大品牌，发展速度稳定，选择加盟慎重，真的在做一种规范加盟工作，也有土法上马的混混公司，打一个香港注册就成为国际品牌了，使许多起步较低的美容院盲目参与到伪加盟当中。之所以叫伪加盟，是因为这种加盟者有业内的许多朋友做人脉，自己又熟悉美容产品，于是搞好设计和包装就开始卖品牌了。对于加盟者，风险在于它并不缺产品，但缺乏经营指导。这种想靠连锁赚钱的投机者，根本不具备专业的辅导与管理经营能力，收了钱人就不见了。

还有另一种加盟，以技术指导为主，许多以治疗性产品为主的美容院，经历多年摸索，开始自制产品，对业内起步晚的美容院很有指导性，因为手里有美容院作为样板，于是开始生产化妆品，利用自己在业内的关系，自产自销，特点是允许加盟店保留它自己的牌子，暗中使用的是供货商的产品，这对简单的美容院经营者也是一种诱惑，我可以经营我的美容院，经营属于自己的品牌，不用别人的名字，但是用别人的产品还可以，价格低，效果好，后面的风险就没有多考虑了。相信这种业内网络正成为一种趋势。因为，销售者自己做美容院的经验成为对美容院的卖点，能做专业指导。辨别这种加盟是真是假要看管理和后续服务，它的发展速度太快，入门门槛太低，用低价产品优惠推销的方式太明显，搞不好，美容院的加盟者就成了人家的仓库。如果再产品低劣，那就成了别人的垃圾场。没人会收拾这个摊子。

还有一种值得注意的趋势，专家型美容产品生产厂家，后续跟进不错，一家一家地指导做得到位，对加盟者的资质有选择，速度不是最快的，宣传也很低调，这是一种信号，它的网络会很坚实，美容院的依附感很强。由此能否脱胎成为一种名副其实的名牌连锁模式还要看有无实力的整合者。它必须有一种理想，除了做供货商，还做品牌经营者。这取决于行业经营者自己本身的气度和胸襟，不然不管做得如何，终究做的是暗中供货而已，不可能成为有号召力的品牌。

在这里是美容院经营风险最大的区域。不管什么公司的产品或仪器加盟，发展水平不一，效果各异。在这种区间内，风行的各种概念加盟让许多美容院不加选择地大上其当，成了伪品牌加盟的牺牲品。这种加盟发展到最后，泡沫会消散，敛钱的真相会教育美容院的经营者们：通过加盟寻找的生意原来还在于自己的经营，不在于别人的产品；再好的产品没有客户上门都是没有用的，能让客户进门的人不是远在千里之外的厂家，而是美容院自己。

现在，真正懂管理经营和技术研发的正规品牌连锁加盟店正以逐渐加快的速度，进入中国市场。相信现在美容院的加盟势头会在观望后体现正常的理性，给业内人士更为冷静的选择机会。

第四种，美容+美发+培训学校的综合实体模式。规模相对较大。美容、美发、健身、美体，业务种类综合；男女老幼不一而足，客户对象庞杂。这种模式，先用美容美发培训开始招生收费，培训后的生源被美容院、美发店自我消化，因为包工作对社会上急于就业的年轻女孩很有吸引力，从而也保持了很好的生存空间。而培训学校学员用的产品和美容院、美发店消耗的产品量，保证了类似模式虽然扩张不易，但是利润可观。同时大部分这类企业都是由于进入早，而拥有对当地业内同行的影响力，同时也兼做厂家的仪器或产品代理，利润来源多样。这类企业因为内部循环良好，危机意识很弱，最后会面临定位困难的局面，在发展时会受到局限。

因为各地消费习惯和业态模式的多样化，细分性质的美容院会越来越占主导地位，综合模式的公司如果实力不足的话，想扩张还是有难度的。

不是全国知名品牌，扩张时当地消费者就不知你是干什么的，就会存在定位不明的风险，也存在和当地的实力经营者争夺客源的问题、自己的人员会不会和当地习惯兼容的问题。所以，这种业态模式想做成全国知名品牌，面临经营特色本身带来的巨大投资风险。目前，这种业态也以区域性为主。在本地区，如果哪种业态都有高手的话，这种"大而全"的模式也存在风险。

目前，出现了第五种模式，针对亚健康人群的中医保健、抗衰连锁机构。这种大多依靠保健品生产厂家而发展的连锁模式因为针对大量亚健康人群的保健问题而受到越来越多消费者的欢迎。内容上，以疗程和药浴及针灸按摩加口服保健品为盈利模式。利润高，刚起步，空间很大。有的店还有坐堂医生和心理诊疗师。这种类型的店要依靠准确的定位和服务内容的具体设计，加上专业管理系统和人员培训，否则，会在竞争中成为不像医院一样正规，也不像美容院一样细致，不像足疗一样专业，不像诊所一样治病，在客源的争夺上，容易做成有药店、有医生、有产品、有保健师，但是，定位却游移不定，客源很杂，生意有，但不成气候。

而大量的不知道自己能做什么、只一味靠打折广告跟风的小美容院，在利润越来越薄、管理要求越来越高的将来，注定会遭遇逆境。要么有特色，要么有专业，如果管理和服务跟不上客户的要求，必定会失去发展甚至生存的机会。

行业发展中外部环境的变化

未来两三年是美容业高速发展的难得时机。目前，世界美容化妆品年销售额已经达到 1500 亿美元。近几年，东南亚各国化妆品市场逐年增大，在这一市场，中国的美容化妆品增长最快。据统计，中国化妆品的年销售额从 1980 年的 50 亿元跃升到 2001 年的 285 亿元，在约 20 年期间增加了 57 倍。2002 年产值达到约 340 亿元。且近年来，中国的化妆品市场一直保持 17% 以上的年增长率。有专家预测，到 2010 年，中国化妆品市场销售空间将达到 1000 亿元左右。而美容院的数量截至 2002 年，全国已经登记的美容机构达到 154 万家左右。显而易见，美容业是中国未来经济发展的主要趋势之一。这种大趋势为业内人士提供了巨大商机。而大批资金和有识之士正在进入这个行业，高素质人才也在进入这个行业，在上海，有研究生在开始经营高档会所。这对业内人士来说，不啻一记警钟。自以为是地认为投机就可以赚钱的时代已经过去，到了从基础做起的时候了，因为，到行业发展的最后，重新洗牌，大鱼吃小鱼是不可避免的命运。我们是四种模式其中的哪一种呢？我们能否创造出一种新的模式？迷迷糊糊赚钱、晕晕乎乎亏钱的日子可不多了，市场发展到最后，谁都救不了我们，只有客户才是我们美容院的衣食父母。

　　在大致回顾了行业的发展后，我想在下面的问题中回答关于美容院管理的一些代表性问题，有些问题因人而异，大部分问题都源于这个行业的管理者素质和从业人员的素质较低，对其他行业不是问题的，在这里也成了问题。不过，我们是针对美容业同行的问题，所以，对业内人士来说，如果能具有针对性，我们就达到了目的。我们的每个问题都分为三个板块——问题回答部分，特别提示部分，不能犯的错误部分，希望这样的结构能清晰地呈现问题的答案，我也希望大家读了以后能提出新的问题与我们共同探讨。

第二部分▶
美容院经营管理问题集锦

第一章 | 想开美容院，我们需要了解什么？

1. 美容院未来发展趋势如何？

答：据不完全统计，目前我国的美容机构已逾百万，从业人员达 600 多万。面对巨大的市场和激烈的竞争，美容院的经营者必须时刻为自己"充电"，把握未来发展趋势，以暴利和投机赚钱的浅薄经营时代已经结束。面对一个巨大的女性消费市场，各行业的投资者准备进入或已经进入的现实，让各地的小型美容院已经进入"自杀式经营"，拼命用免费、打折和送礼来吸引顾客消费的阶段。但是，养活美容业的高端消费者对此不屑一顾，使已经赔了本的美容院陷入更加盲目的低价争夺战。基于赚有钱人的钱更容易，而美容又属于非生活必需类的消费现状，我们可以预言，未来美容院的经营趋势将从高端客户入手转变为以会所式服务唱主角；从疗效型顾客入手转为以专业和专家坐镇赢利；产品销售型的美容院将以售后的超值模式做大品牌网络；综合型美容院经营者将由自己的内部闭合式循环产生的现金流和利润来维持运转。不管哪种模式和类型，都得以自己手中拥有的客户数量来决定自己的生存空间。什么能吸引客户呢？专业、诚信、超值！这些就是女性的要求，我认为未来美容院的经营发展将以品牌化、规模化和专业化为主流方向。

未来的美容院经营定位将呈现如下形势：

（1）实力雄厚的品牌连锁经营店；

（2）直销公司销售网点的美容服务示范店；

（3）销售管理电脑化的产品专营式美容院；

（4）心理美容的概念店；

（5）推行整合性服务的综合会所；

（6）美容与医学结合更加密切的养护型健康养生店；

（7）男士美容健康会所；

（8）个人品牌命名的信誉店。

☞ **特别提示**：定位越准，越容易被顾客记住。爱一个人都不容易，为什么试图爱所有人？具备提供个性化的超值专业服务能力是美容院经营的制胜之本。

☞ **不能犯的错误**：缺乏经营定位，把自己当成万能美容院，什么项目都有，又什么都不突出。想让所有人爱自己，只能费力不讨好。给自己的店起了别人的名字，指望用别人的名字帮助自己经营美容院。

2. 未来的美容院要具备哪些基本功？

答：一个新的企业要诞生，事前的准备工作一样也不能马虎。我们看看在大的方向有哪些方面。

（1）选择一个良好的地理位置。让客户自动上门，努力创造和谐的经营环境。美容院地点的选择是影响其持续经营的一个"瓶颈"因素，当我们还在满足于自己所取得的经营成绩时，已有相当多的外资美容院纷纷抢滩中国各大城市的中心、口岸等地段，占据了中国美容市场的有利制高点。所以，我们的美容院老板更应该着眼于美容院周围的商圈特性，考察商圈内的人口构成与交通等因素，以此为自己的美容院选择一个良好的地理位置。开店选址有三个"近"：离目标客户住处近；离目标客户办公地点近；离人流量最大的中心近。这三个"近"决定了客流量，比广告更好使。前提是您开店时须知道自己的目标客户是什么人，是公务员还是企业家？是白领，还是社区有闲人群？然后开到她们身边去。做有利于她们的选择是最好的决策。

（2）以"个性和人性服务"为准则，确立自己的经营特色。正是因为"个性和人性服务"，才有了酒店五星级与三星级的区别，才有了国际知名品牌与国内众多产品的区别。当我们选好位置后就应该着手分析生活在美容院附近的人群，根据这部分特定人群的审美品位设计美容院的装修风格、设备配置、服务流程，进而确立自己的经营特色，提高自身吸引顾客的魅力。而完成这些工作都应该建立在"个性与人性服务"的理念之上。我们有个学员，在开发区开了一家以精油为主打产品的针对白领的美容院。老板是个香港人，非常有素养，周围白领也喜欢她的气质，但是她的"盈佳"的店名和定位一直没有办法找到好的广告宣传语。在课堂上，我们在研讨中，根据她的具体情况，送了她一个建议：盈盈一水间，脉脉不得语。她以此当做精油美容的主打广告，重新布置了前台，印刷了广告单，找到了装修的主格调，生意越来越好。客户感觉这里是自己的私家园地。

（3）注重核心岗位的人员培训和备份，建立系统规范的管理制度。顾问、美容师永远是美容行业的主角。好的店长永远是稀缺资源。美容院的人员基本包括老板、经理、美容顾问、美容师、保洁员等。当然，目前大部分美容院的老板和经理人还没有完全分开，美容院的大多数老板都经历了打工、经理人兼美容师到成为老板的过程。也因为美容行业是目前人员流动性最大的行业之一，造成相当多的老板在用人上存在着很多顾虑，甚至更多地有一种短期行为。她们担心费了很大心血培养的专业人员，一旦经过培训、教育、掌握了一定技术后，就要跳槽或是另起炉灶，无法留住人才；有的经营者对专业人员的工资、福利考虑得很周到，但由于比例不合理，培训跟不上，员工还是出工不出力。而发展很好的美容院又面对巨大的工资和奖金成本，老的员工和干部会在诱惑面前选择离职或自己另起炉灶创业。虽然成功率很低很低，但依然危害了美容院和员工各自的发展。

其实解决这些问题也不会太难，既然任何一个企业的主要资源都是人，那么抓住人心是企业制胜的根本。所以，我们要在建立健全正确的规章制度的前提下保证公平，使岗位要求和人员能力有正确评估的可能，建立科学的绩效考评机制和晋升制度，是留住员工和规范管理的基础。在此基础上，尊重美容师的人格，采取良性的沟通方式，创造好的工作环境，协助其学习更多的知识技能，让她们在企业中收获自己的未来。

（4）培养吸引忠实的消费者。顾客永远都是一个流动的倒三角形，而核心客户永远都是少部分，能够在客户分析中抓住最重要的客户进行服务和管理，我们就抓住了管理的重点。应该提出一个口号："永远不让一个重要的客户流失。"但前提是，我们知道谁是我们的核心客户吗？我们的客户管理系统规范吗？如果客户管理和分级问题解决了，客户的流失问题就可以控制。美容院就不会出现老客户因为没有用现金消费就得到冷脸、新客户因为用现金消费就得到笑脸的情况了。这种不分轻重的投机式客户接待会令客户流失，老板和员工越来越费力地寻找新客源，却不知道自己已经挖了一个不断跑冒滴漏的无底洞。

当然，我们的客户组成永远都有一个新与老的问题，随着市场经济的不断发展，消费心态也越来越多元化，美容院每天都在培养训练消费者变得日渐成熟。当她们意识到"我要选择"之后，再忠实的客户在她的工作、生活等非美容院因素发生变化时，都会寻找新的消费环境。因此，我们应该始终让自己处在一个不断发展忠实客户的位置。抓住老客户是重点，引进新客户是热点。当一个老客户走进来时，经营者马上就应该把她当做一个新的忠实客户开始服务。

以服务为重点，真正把顾客当做上帝。

（5）具备专业的知识与技能，并能够把技术娴熟地运用到实际操作当中，因为专业的技术水平是说服并留住客户的最好手段。

（6）具备良好的修养与品位，对时尚要有自己创造性的理解力，面对不同的客户要有自己独到的见解和认识。

（7）具备良好的心理研究与社交能力，因为当美容师与客户一对一地交流时，需要把握客户不同的心理状态，不同的客户有不同的要求。例如，有的客户希望到美容院休憩身心，不想被打扰；有的客户则希望与美容师交流生活与工作的一些琐事；有的就是想获得高度的尊重；等等。

（8）具备良好的沟通能力。一对一服务的关键是沟通，沟通需要站在客户的立场去了解对方，并在此基础上选择较适合的沟通方式和沟通话题。沟通体现的是美容师对客户需求与个性的判断，作为一名合格的美容师，必须在客人进入美容院的短暂时间内，较准确地把握客户的职业、生活方式、性格、皮肤条件等元素，然后根据这些元素为客户提供针对性的服务，才会收获令客户满意的结果。只有更详细、更全面地了解每一个客户，才能更好地为她们提供服务，赢得她们的尊重和信赖。

☞ **特别提示**：从美容院的全体人员素质入手提高服务技能，从规范管理入手建立正规化服务流程。

☞ **不能犯的错误**：因为熟悉所以忽略，因为习惯，所以拒绝改变。

3. 你知道客户如何看待美容院吗？

答：消费者选择美容院的条件是：

（1）从技术上加以考虑的人占 52%（可以把客户对效果的要求算在技术要求上）；

（2）把服务作为首要考虑因素的人占 21%；

（3）把环境作为首要考虑因素的人占 10%；

（4）把便利条件作为首要考虑因素的人占 6%；

（5）把"名气"作为首选因素的人占 11%。

消费者对美容院的要求有哪些呢？

（1）76%的人希望美容院提升技术；

（2）15%的人希望美容院提升装修档次；

（3）67%的人希望美容院提升服务水平；

（4）25%的人希望美容院提升管理水平；

（5）68%的人希望美容院提升员工素质；

（6）29%的人希望美容院改善服务项目种类。

（数据来源于 2002 年 4 月《美容时尚报》的调查）

超过 60%以上的客户对美容院的服务和员工素质不满意，要求改善，这可以让我们了解客户流失的原因。

客户如何选择美容院的途径：

（1）65%的人通过自己的详细了解而接受；

（2）30%的人通过美容师推荐而接受；

（3）27%的人通过朋友介绍而接受；

（4）28%的人通过看杂志、电视、报纸广告而接受。

想靠一味打广告做大美容生意看来不太明智。只有留住客户，让客户成为我们服务的活广告才是生财之道。

客户怎样看待现有美容院的服务呢？请看图1-1。

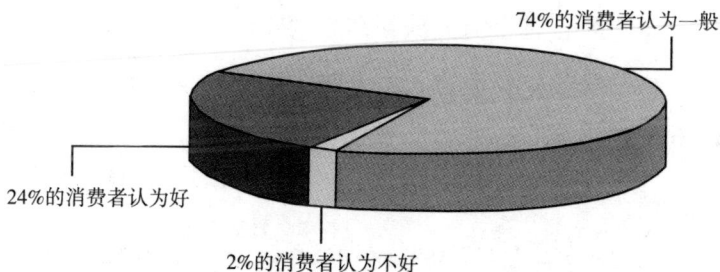

74%的消费者认为一般

24%的消费者认为好

2%的消费者认为不好

图1-1　消费者对现有美容院服务的评价

74%的客户认为一般，给我们这个行业提出了挑战，谁能让这74%的客户满意，谁就拥有了巨大的市场，太诱人了。革命尚未成功，同志仍需努力啊！

☞ **特别提示：** 不是美容生意越来越难做，而是客户进步了、我们美容院却没有进步；不是生意难做，是我们水平太低留不住客人；不是市场有问题，而是我们的美容服务满足不了客户的需要。

☞ **不能犯的错误：** 认为现在的客户没钱、没时间了，不做美容了；认为我们服务很好，客人太挑剔了。

4. 什么样的人具备成功经营美容院的潜质？

答：在开美容院之前问自己以下问题，看看您是否具备成为企业家的条件。你回答肯定的越多，证明你的经商潜能越大。

（1）您是否具有必须承担责任的心理准备？为了获得成功，你必须对你所作的选择充满热情，不冷不热是不足以支撑你面对创业之初的各种挑战的。

（2）你是否准备十分努力地工作？开办自己的美容院需要投入大量的精力和时间，你是否有把握能放弃你的大部分私人生活，比如周末陪老公和孩子。因为为了使美容院成功发展，你需要投入你的大部分（甚至全部）精力，美容院的营业时间会一直持续到深夜，周末永远是工作比较繁忙的时候。

（3）你是否能忍耐及注意到你的事业及员工表现带给你的多种压力？客户越来越少，或出现连续生意低迷的现实，你能够乐观面对吗？如果你的信心动摇，将会影响到所有员工，进而客人会受到影响。员工很难管理得像你一样敬业或做得令你满意，你是否能接受这个现实？

（4）你是否容易接受新观点，尊重他人的见解，并迅速作出决定？一个企业家必须头脑开放，灵活机动，并且有能力对新观点作出反应。一味墨守成规，或从不作出决策，或拒绝倾听任何人的意见，也会危及美容院的经营，甚至会影响自己在员工心目中的形象。

（5）你是否准备花时间分析问题并找出答案？无论你计划得多么周密，无论你对员工多么好，甚至这个好心也会在某一天成为问题，你会不可避免地遇到想象不到的困难，你要做好处理这类情况的心理准备。

（6）你是否准备打一场持久战？一个美容院是一个企业，绝非一夜之

在玛思威的课堂上，学员在认真地做笔记

间就能创造出奇迹。所以你必须绝对热爱你的工作，而且你的工作将是无休无止的。

（7）你有足够的经济后援吗？亲朋好友是否会投资于你的公司，在你的公司发生危机时她们是否会帮你渡过难关？头三个月客人不上门怎么办？你的资金能支持多久？这些问题你要经常问自己，并且有相当稳妥的结论。

（8）你善于专注并解决细节问题吗？通常是你而非他人来关注细节。一个企业家除了拿大主意，还得对付小麻烦，包括洗手池的积水和面巾纸的颜色，员工的站姿和微笑，美容的手法和力度，更别提要不要打折了。

（9）你是否能坐下来写一个仔细分析你的生意前景的报告？创业之初，你得对好情况和坏情况都有思想准备，你可能会遇到很多不尽如人意的意外，你要提前有所预料并做好准备。千万别以为员工天生就应该忠诚，或合作方可以一直接受亏损，或打一次广告客户就会上门。做好应付最坏的准备，然后再开店，否则终究要狼狈收场。曾经有个朋友要开一间洗脚房，我劝她没有精力投入就不要开。她说："反正房子是自己的，试试吧，就当玩一玩。"好的，如果是有钱太多想玩一玩，我们不反对，但是要记住，这是在做一种投机，而不是正确的投资。是投资总要对未来的情况有所预期，并做好分析和准备。当然，这位朋友的投机生意结束了，她自己没心思干，又找不到合适的管理人，结果赔的钱比房子闲置时付出的管理费高多了。

(10) 你骨子里是不是一个乐观主义者？错误和挫折是难免的。你是否能在不退却、不气馁的同时从自己的错误中吸取教训，并能够鼓励影响你的员工也成为乐于服务的人？我们常讲：积极的人像太阳，照到哪里哪里亮；消极的人像月亮，初一、十五不一样。人们会离开消极的人，免得自己受她们的影响而不开心。要问自己是否是一个乐观的人，这对于做一个企业来说非常重要，它决定我们未来的企业氛围，那不是由别人决定而是由自己决定的。

(11) 你是否愿意与他人合作？没有任何一件事全是自己打拼出来而不依靠他人的帮助的。你得考虑：如果你想继续向前，再开一家或几家美容院，谁来打理你现有的美容院呢？员工有机会吗？有其他合作者吗？

(12) 你是否愿意与人分享成功？与跟人合作同等重要的是：你必须能与别人分享成功，给别人一定的股权和奖赏。那些以自我为中心、不知分享的人是成为不了好的企业家的。任何事情，只是口头上讲一讲，没有正规的文件，口说无凭，不足以约束自己和员工，员工当然也不会相信。

☞ **特别提示**：把自己当成一个企业家去经营美容院，不要自我安慰说我只想做个贤妻良母。做美容院如果只想玩玩而已，那将使我们没有办法对员工和客户负责，而且会让自己很不开心。

☞ **不能犯的错误**：认为自己的企业自己说了算，高兴就做，不高兴就不做，缺乏清晰的自我认定。

5. 如何估算开办一家美容院的启动成本？

答：确定初始投资费用，对你创业之初所需要的资金做个估算。

流动资本是指你每月售出产品（或服务）所得钱数和营业费用之差。公司开始的几个月内，你的收入和支出之间的差额是相当大的。然后，随着公司的发展，这种差距应该缩小直到你达到收支平衡。也就是说，你每月的收入可以支付你本月的开支。为计算流动资本，你应该做一个现金流分析。对此，建议如下：①测定月固定成本；②测定月变动成本；③估算每个项目和产品卖多少钱；④测定贡献毛益；⑤测定你需要多少销售额来达到收支平衡；⑥预测你的现金流量；⑦测定你的流动资本；测算启动成本。

测定月固定成本

固定成本是指不以销售量大小变化而变化的月支出（见表1–1）。

表 1–1

项 目	花费数量	项 目	花费数量
房租		仪器购置费	
工资		收垃圾费	
费用（会费等）		电话费	
广告促销		清洗和维修费	
税		专业人员费用	
水		培训教育费	
电		车辆费用	
保险		其他	
清洁		总固定成本	

测定月变动成本

变动成本是指那些以销售量大小变化而变化的月成本（见表 1–2）。

表 1–2

项 目	花费数量	项 目	花费数量
美容产品		其他	
耗材		总变动成本	
销售佣金/提成			

为给你的产品或服务准确定价，建议你问自己以下问题：

（1）这个产品或这项服务是否独特，是否可以定个高价？

（2）我的竞争者对我的价位有如何反应？

（3）市场情况如何，比如新技术、新货源供应，它们是否会影响你的定价？

（4）如果我是进口产品，或从别的供应商处进货，本行业的加价（毛利）标准是什么？（加价是指卖出价和转售商购得某件商品所花费之间的差价）

测定贡献毛益

贡献毛益是指你的每件商品或服务的变动成本和你所收取的价钱之间

的差价。比如：

销售价 – 变动成本 = 贡献毛益

¥3.00 元 – ¥1.00 元 = ¥2.00 元

测定你需要多少销售额来达到收支平衡

要找出你需要多少销售额来达到收支平衡，需要用月固定成本来除以贡献毛益。方法如下：

月固定成本 ÷ 贡献毛益 = 收支平衡量

10000 ÷ 2.00 = 5000 个单位

预测你的现金流量

要预测你的现金流量，以月为单位计划收入和支出，直至达到平衡点（见表 1–3）。

表 1–3　　　　　　　　　　　　　单位：元

月　份	1	2	3	…	收支平衡
销售额					
收入					
支出					
收支差额					

测定你所需的流动资本

流动资本代表你从开业到达收支平衡这一时期的差额，它是以收入减去开支来计算的。

测算启动成本

要算出你所需启动成本数，把初始现金费用与流动资本相加。将计算结果乘以 2。这就是我们美容院开业前要做的资金准备。

☞ **特别提示：**自己做过几年美容师或顾问，认为开店很容易，客户很傻，于是凭几万块就准备开店，还不知道周围有什么样的客人，就租了房子或买了房子，然后进仪器，开始招人，自己又离不开，于是在门口支一牌子——招熟练美容师，等人上门。一切准备好了，才发现生意不好做，客人都在自己熟悉的老店出入，拉客人上门太困难，有资金实力的大店还可以吸引客户，小店就等着撞大运。好不容易通过免费发卡把自己曾经服务过的客户拉来了，客户又要你亲自做，做不过来，环境又差，客户自然又不来了。

☞ **不能犯的错误**：在别人的平台上服务客户是一种技术，可以凭经验掌握；自己搭台唱戏是一种能力，不是所有人都能做老板的。头脑一热就开干。缺乏调研，缺乏人手，资金不足，已开业后没客人又知难而退。凭空拿自己的血汗钱交了学费。

6. 美容院开业前需要做哪些准备工作?

答：美容院开业前应参考以下步骤逐步进行：

（1）区域调研。在您准备开美容院的地域做好客户摸底，然后再根据客户情况决定美容院的经营定位。千万不能认为小区高档住户上千、买个房子开美容院一定赚钱。曾经就有美容院老板犯过这样的错误：装修完才发现此小区内不许营业，客户也大多在远处上班，没有在住宅区内消费的时间。

（2）美容院开业的费用预算。

（3）申办开店手续。

①到工商行政管理部门申请办理营业执照。

②到银行开户。

③办理《法人代码证书》。

课程结束时，学员总是依依不舍与朱俐安老师合影留念

④到税务局办理税务登记。

⑤到卫生防疫站办理卫生许可证。

⑥到物价部门办理收费许可证。

⑦申请开业登记表。

（4）设备选购。

①美容仪器设备类。除了美容床等基本设施外，像测脂仪、皮肤测试仪等基本仪器可以自行购进外，光子嫩肤仪等功能性仪器就要针对自己的客户群和定位进行选择，还要根据地域和资金条件确定进什么仪器。选购仪器时注意跟厂家订好培训条件和时间，要求提供合适人选进行专业操作培训。没有培训完人员不要支付全款。

②美容必备工具类。工具类的消毒柜，清除黑头的探针、眉钳等。

③美容用品类。产品的选择要走访和试用后再定夺，以安全和有效为标准。

（5）岗位配置。在众多美容院中，根据规模不同，其岗位设置包括了总经理助理、人事、行政、总务、企划、美编、培训技术指导、会计、出纳、仓管、店长、顾问部、美容部主任、美容顾问、前台收银、美容师、美发师、美甲师、配料员、保洁员等。我们在此只以店长、美容顾问、保洁员三个岗位为例进行岗位职能的设计说明（见附件1至附件3）。

人员配置比例：考虑到倒班和轮休，美容师数量根据面积大致可在每10平方米1~2人，顾问按规模及分工不等在2~7名，有的小店可以用老板或收银兼销售顾问。

☞**特别提示**：*开店前应该先做客户调研，瞄准客户需求后，准备满足客户消费水平的产品，寻求合适的进货商，在满足客户审美的基础上做装修风格的设计，签订合同进场装修后，就已经开始人员培训，一切要在客户定位后开始，这才可能准确开始美容院的经营。可以说，没有客户定位，就没有产品选择；没有产品设计，就没有价格体系；没有价格测算，就没有销售目标和客户消费预期，就无从得知成本和运营状况。*

☞**不能犯的错误**：*不能先投钱，花大力气做装修，再进产品，然后找人或等客户上门，以自己为中心的运营设计只是把生意当成实验的爱好，可能无法坚持；而以客户为定位的生意测算，却可以为发展提前规划，少走弯路。*

7. 美容院开业时需要什么设备、设施？

答：根据美容院服务客户的需要和经营定位来选择相应的设备设施。如你确定以高档消费者为服务对象，需求和流行必不可缺。就要提供特殊服务项目如SPA，也需要提供相应的特殊服务设备设施，如光子治疗仪、美体仪、BIO、M6、L6 等高端仪器。

一般美容院必备和常用的设备设施有：淋浴设备、衣柜、配料柜、多功能美容仪、离子喷雾器、冷喷、测脂仪、美容床、美容镜台、美容椅、消毒柜，以及美容床上用品，如毛巾、床单等。另外，美容院还须具备常用电器、清洁器皿，如垃圾桶、拖把、水桶、抹布、卫生纸、洗手液、空气清新剂、洁厕净等。

☞ **特别提示**：买了设备并不等于能开美容院，设备的使用培训和客户利用要跟上，才能使设备发挥作用。

☞ **不能犯的错误**：跟流行买仪器设备，却不会培训专人使用，也不会设计项目使仪器令客户感兴趣，结果美容院成了仪器陈列室。

怕员工学会跑掉，自己亲自操作，进的仪器越多，老板越累。

8. 怎样选择美容产品？国外的产品好还是国内的产品好？

答：美容产品的选用主要取决于美容院经营者本身的经营定位和客户选择。

客人满意的产品就是好产品。

高档店通常选择外国名牌的高价位产品，它的客户群有支付能力；疗效型店多选择国产疗效型产品，它的客户习惯依赖自己常用的产品；小店多选择低价位的批量产品。

美容院是直接将护肤品服务于顾客，并和顾客进行产品交流的场所，消费者可以从这里获得美容资讯与指导。美容院是护肤品使用的前线，护肤品是美容院经营的基础。护肤品的好坏，在美容院能得到最迅速的反馈及第一手资料，并直接影响着美容院的业绩。

如何让顾客放心地从美容院得到她需要的正确护肤咨询和指导，接受美容院提供的皮肤保养服务并购买产品，是许多美容院都希望得到的经验。

以下是美容院选择和使用产品的一些基本原则：

（1）专业性：掌握产品原料的成分和作用。要想正确把握自己选择的产品，对产品的原料成分及配制有一定了解是很有必要的。犹如一位医生为病人开药方，一定要知道此药方的成分和作用，否则，就无法为病人开出有效的药方一样，作为顾问，您就不能只问顾客："您想用什么产品？"一个美容顾问，只有了解了产品的原料成分及配制的一些基本原理和作用，才可能正确选择和推荐产品，并对顾客进行必要的专业护肤指导，从而获得客户的信赖。例如：什么是蛋白酶？什么是透明质酸？维 C与维 E 的作用是什么？等。一旦了解了，在选择和推荐产品时才可能做到心中有数。

（2）效用性：对顾客是否有效？产品是否对皮肤有改善作用？到美容院做皮肤保养的顾客，都希望自己的肌肤在原来的状态上有所改善，如何做到这一点呢？

首先，应该以顾客的利益为最大利益，这样，在选择推荐产品时就会谨慎得多。许多美容院老板自己做临床试验，如果效果较好，再进货和使用。唯有如此，才可能既不会因产品选择错误损伤了顾客的肌肤，使美容院的信誉丧失，也不会因盲目进货而造成经济损失。试验可以从产品的气味、手感、质地或者用后的效果来进行判断。当然，效果是指相对结果，如顾客感觉舒服、用后肌肤状况有一定的改善等。因为皮肤代谢周期是 28 天，而客户如果在用过一次产品之后果真就判若两人，则意味着"危机四伏"。因为暂时的美白换来终生的皮肤损伤也是得不偿失的。为了客户的利益要学习教育客户。当然，也有的美容院盲目低价进货或中间"偷梁换柱"，用伪劣产品令客人因产品无效而离开。我们认为那不是长久经营之道。

（3）安全性：一定选择有国家正式批号的正规化妆品，选择名牌也是安全性的保障。基于消费者对于效果的期待，大部分美容师在宣传产品时因为专业性不足，经常会使用 100% 满意、不满意不要钱的非理性推销。而美容院为了快速见效往往在选择产品上急功近利，只求速效，不问后果。从长远看，不利于经营的长久获利。一旦误用了不安全的产品，对客户造成的损害是重大的，对美容院的经营也会带来巨大风险。

（4）地域性：在北方好用的产品在南方不一定合适。我国幅员辽阔，各地人群的肌肤状况也因此不同。例如，北方气候寒冷，皮肤干紧，不易松弛，收缩性的产品就不一定好用，而干燥的气候，使北方客人四季都需要补水。而在南方，广东一带日照时间长，温度高，气候潮湿，一般人的肌肤毛孔粗大，油脂分泌旺盛，易生粉刺。而江浙一带，饮食清淡，水质温和，人们肌肤相对较为细腻。所以同一产品在广东适用，在浙江就不一定适用。因此，各地美容院不能盲目断定某一产品是最佳产品，在产品使用中一定要因地制宜，并仔细观察与分析产品对不同人肌肤的作用和疗效，有针对性地选择和使用产品，不要人云亦云。只有如此，选购产品的准确性、成功率才会高。

☞ **特别提示**：通过厂家的专业介绍，看产品出厂证，最安全的行为是选用名牌产品而不是给人做试验田。

☞ **不能犯的错误**：美容院院长们经常以特快专递互相交换各自使用的产品，或自产自销朋友的产品。万一品质不过关，大量积压会造成有口难言的误会。最要命的是为眼前利益或者听信了虚假广告，选错产品，用了假货，产品不合格引发客户流失，简直是自断财路。

9. 美容院如何通过外部装修获得顾客的认同？

答：我们可以通过以下几个方面获得顾客的认同：

店名。要慎重考虑自己的店名，不论找多少起名公司，找多少人为美容院起名，其目的就是要一个出彩的字号。说不上口的不行，沉闷的不行，不谐音、不吉利的词不用，不与其他同行同名，还要有特点，令人联想到效果或魅力。从实处着眼，瘦身会所、美白名家、治痘圣手皆可。从虚处入手，如玫瑰名媛。一个"李小华美容院"和"玫瑰名媛美容会所"带来的价位联想完全是不同的。名字是第一个决定因素。

朱俐安老师与上海交大 IMBA 学生在一起

格调。店面装修要充满女性喜欢的清朗明晰温暖的特色，而不是生硬冷清像医疗所，考察学习时，不要把别人的成功拿回去就用。北方的温暖到了南方就成了闷热。

项目。南方必然要有的桑拿设备，在北方安装就要加大投入；水疗在南方大受欢迎，在寒冷的北方，取暖不便的地方就不能盲目照搬，否则浪费投入不算，没人用是一大事。

广告。外表的招牌一定不能在屋子里谋划，一定站到街上看看现场。我们的招牌要鲜艳醒目，不能淹没在琐碎的细节中，效果是要让自己的招牌成为当地街上的亮点。以这个原则出发就会使自己的店先入为主地吸引客户的眼光。

☞ **特别提示：** 名正则言顺，为自己的店起个好名字，然后让许多人看到她，让更多的人记住她。

☞ **不能犯的错误：** 因为自己没有名字，所以借了别人的名字用，或借个其他行业比较有名的名字，这会混淆视听，万一那个牌子出了事，就会城门失火殃及池鱼。小店用了大店的品牌名字，更是毫无章法徒增羞辱。没人信！还会被人非议。不如简单做事，从细节入手做好为佳。

10. 美容院分店越多、赢利越多吗？

答：不一定。在美容业盲目扩张的风潮中，很多人以为开的分店越多，就越能盈利，结果，三步一个连锁店，客户不停地在自家不同的店内穿梭，享受着开业或试营业时的优惠，经营者的利润并没有提高，相反成本却加大了。很多开一家店时经营很好的美容院，开到三家时却亏损，不得不关门。这反映出开店的盲目，没有评估自己的管理资源和技术人手是否能支持开新店。要开新店，须考虑几方面的问题：如何盈利？如何管理？谁来执行？投资如何？人手在哪？客户是谁？

☞ **特别提示**：根据实力和市场分析作出是否开分店的决定，然后考虑人手配置和投资。最令人头疼的是人员培训和招到的人员是否合适。分店的数量不一定和利润增长成正比。

☞ **不能犯的错误**：以为多开一家店就多一份收入。

11. 什么样的美容院院长最受欢迎？

答：对工作充满热情，拥有能够影响员工和激励下属的进取心，乐于教会员工技术。

视学习为乐事，能和员工分享学习内容。

诚信：言必信，行必果，做事先做人！要求自己比要求别人更多。

有稳定的生活目标和信念并能教育员工相信这种信念。

在市场选择和推出新产品时有足够的行动力和敏捷的反应力。

拥有远大理想不被失败吓倒，敢于为自己的决定负责。

深知人性的弱点，能利用关心和约束让员工感到公平和安全。

☞ **特别提示**：拥有理想和事业的激情，并能够让自己用正确的管理方式用人，这样的美容院老板才真正能把小事干成大事业。

☞ **不能犯的错误**：用自己的客户服务和技术能力成为为员工打工的院长，离开自己，美容院便没有营业额；把自己当成养活员工的救世主，结果留不住人；把员工当成自己的子女，结果惯坏了；销售越好的员工越提拔她干管理当店长，不让她销售，结果，员工减少收入，又不懂管理，最后双方都失望。

12. 美容院院长有哪十大毛病?

答:(1)目光短浅:只看眼前不看长远,一味用打折来拉新客户,却把老客户丢在脑后。

(2)模仿跟风:同伴做什么,马上跟进,不问条件,不讲环境。结果,50平方米的小店也搞SPA。

(3)眼高手低:别人做产品,我也做;别人做会所,我也搞。结果想的是美好前景,得到的却是莫名的烦恼。

(4)多头并进:做美容院要进产品,顺便就做了产品代理;进仪器,又做成了仪器代理;招不到好员工又开始办培训学校。最后,成了什么都做的杂家,却没有做成规模,只能自我满足而已。

(5)投机取巧:做什么都看样板,别人先做了再跟进;讲究不花钱免费试做,结果,引得各种投机分子如鱼得水;专门用免费和低价让美容院老板加盟,结果,小美容院成了各种产品仪器的实验场。

(6)悲观自负:因为不相信自己,所以总靠别人拿主意,美容院也被员工影响,忽好忽坏;因为机会给予的成功让自己自命不凡,从来没想过天外有天。结果,或因无能为力而悲观,或因自负而影响发展。

(7)用人不当:要么只能用亲戚,因为这才放心;要么只能挖能人,依赖销售能手;要么只用老实人,因为不敢用太聪明的人。结果,事业没发展,留不住人才。

(8)盲目学习:把培训当成炫耀的资本,自己学习各种课程的同时,不加选择地让员工也参加。结果,工作成为次要的指标,把培训学习当成了解决问题的万能钥匙。不料,员工学习完就自立门户去当老板了,这时美容院又拒绝参加任何培训。缺乏对培训的甄别,专门学习如何对待客户的投机取巧的歪招。

（9）孤独做事：因为专注于事，把自己当成了密封的孤岛，拒绝和同行交流，也拒绝了学习的机会，顶多是一个个人主义者。

（10）缺乏诚信：用自欺欺人的手法、得过且过的方式骗取客户和合作者的信任，最后却用自己的行为证明自己的不可信。

☞ **特别提示**：优秀的企业家总是拥有激情和使命感的人，经营者能够影响的范围决定了她们事业的成功程度。

☞ **不能犯的错误**：一味为自己找失败的理由，或把自己的无能归咎于这个行业的特性。

13. 美容院院长做不好管理的十大原因是什么？

答：（1）没有达成目标的动力。认为自己做不好管理，找一个人替自己干好了。于是满世界找人，找管理人员成了省事的动力。因为管理不是自己想要做的！

（2）目标不合理（成功者有远大梦想，但有合理目标）。通常美容院院长的目标很多，但是不能落在实处。

（3）缺乏明确达成的期限。不善于给自己计划一个时间表，像过日子一样把自己当成个小女人想象着未来。

（4）目标不够明确具体。想法过于模糊，比如开几家店，经常考虑来考虑去，却从未着手实行；今天的业绩为什么这么低？不知如何改善，就不想了！

（5）没有定出核心目标。事情太多时只想睡觉。因为太难而想要逃避。

（6）缺乏详细计划和人员安排。整天被事情推着走。

（7）目标太多，太杂，没有设定优先顺序（时间管理不当）。

（8）没有定期检查，衡量进度（没有依计划实行的能力）。

（9）没有运用潜意识力量。没有把目标的达成看做是最重要的事情来自我督促。

（10）缺乏坚持到底，一定要达成的毅力。

表 1-4 是一张美容院的培训时间表，可以让我们借鉴目标与实现目标的安排多么重要。

表 1-4　培训经理的日工作内容

序号	时间	工作内容	对应人	备注
1	8:50	检查培训物品的准备、培训人员及导师的到位情况	导师美容师	培训前一天13:00到公司领取第二天需培训的相关资料，熟悉培训内容，17:00~18:00组织需培训的导师将手法巩固
2	9:00	1. 看中心管理人员交接本及员工反馈本 2. 监督检查培训导师及员工准时培训情况		
3	9:45~10:00	组织召开中心员工早晚例会，并检查员工的仪容仪表	A班员工	
4	10:00~10:10	1. 监督检查美容部、配料部、清洁部、激光部卫生及物品补充情况（包括：员工休息室、健美大厅、更衣区、冲凉房、桑拿房、洗手间、鱼池、休闲厅、香薰炉、电视、锅炉房、房间音乐、灯光、通风、空调、仪器是否正常运作、配料部配料） 2. 培训工作	培训经理	1. 根据每周安排的培训项目进行 2. 新项目引进后，负责熟悉项目的培训，设定操作程序及流程
5	10:30~22:00	1. 监督抽查培训导师、员工的培训情况，并将培训中发现的问题做好记录，在适当时给予补充纠正，上午抽查时间为9:00、10:30~12:00，下午从14:00~16:00全部在培训室培训及跟进手法 2. 查看中心管理人员交接本及员工反馈交接本，查看时间为9:00、14:00、16:00、21:00 3. 抽查营运主任日工作流程（两次），抽查时间为13:00、16:00	培训主任美容师营运主任	
6	13:45~14:00	组织召开中心员工早晚例会，并检查员工的仪容仪表	员工	

续表

序号	时间	工作内容	对应人	备　注
7		1. 9：45、10：30、11：30、12：30、13:30 检查 A、B、C、D、E 班美容师打卡签到情况，如发现迟到者需在卡上签名 2. 培训工作	经理	
8	16:00	下午 16：00 与中心各部门（顾问部、美容部）主任级以上人员用 15 分钟商讨次日中心例会内容，并在 17：00 前传真到总经办审核签字后作为次日例会内容	各部门主任	
9	17:00	负责组织培训主任及组长将培训中出现的问题总结并修改，便于次日培训中减少失误	培训主任 各专项 组长	
10	18:00	当日培训导师需在交接本上将当天培训结果以书面形式交接于次日培训导师，并收集当日的培训日志、导师课时、员工培训次数统计	经理	
11	21:00	1. 监督检查美容部、配料部、清洁部、激光部卫生及物品补充情况（包括：员工休息室、健美大厅、更衣区、冲凉房、桑拿房、洗手间、鱼池、休闲厅、香薰炉、电视、锅炉房、房间音乐、灯光、通风、空调、仪器是否正常运作、配料部配料） 2. 培训工作		
12	21:30~22:00	以书面形式在中心管理人员交接本上写当天工作情况（包括当天顾客反馈的需次日解决的问题及工作交接）		

☞ **特别提示**：成功需要决心，更需要方法。

☞ **不能犯的错误**：把管理美容院当成随时可以中止的游戏。

14. 表现最糟的美容院是什么样的？

答：（1）缺乏真诚的管理支持，没有人肯负责任。老板在，就有营业额；老板不在，营业额就直线下降。老板成了自己投资的打工者。

（2）缺乏针对客户的管理与服务。客户需求与美容院服务能力无法充分配合，不停地发生投诉和客户流失现象。美容院又无人清楚哪些人流失了。

（3）缺乏专业薪酬与绩效管理。美容院的客户与员工均有不合理的预期。员工希望老板给越来越高的提成，没有提成就考虑离开，甚至随便离开然后再回来工作。因为缺人，老板也默许此种情况。客人会要求美容院为每一种收费签约作出充分保证，否则不掏任何钱。

（4）从业人员不具备专业技能。顾问或美容师无法胜任服务工作（能力不足），老板不想培训，员工自己也不想学习。老板想省钱，员工想混混而已。

（5）缺乏财务分析与管理，也缺乏与企业健康相关的助益型岗位。几乎没有财务核算，也没有成本与利润分析。提成随便定，生意好就高，不好就降！

（6）对内和对外都缺乏有效的沟通。来自美容院老板的沟通障碍有：自以为是，看不上别人，也不听任何人的建议；防御心理，认为任何人都可能离开自己另立门户；独断专行，与下属见解不同时，轻慢所有人；言行不一，令员工不知所措；客观限制，美容院分散，不在一起，又缺乏信息沟通渠道。

来自员工的沟通障碍有：为迎合上司，报喜不报忧。业绩好时，人人报功；客户投诉，业绩下滑，员工尽量掩饰，免得成为老板坏情绪的替罪羊。拙于口才，又不会组织文字，沟通不得要领。女性敏感的心理，有话又憋在心里，一旦说出来，又可能引起猜测或流言。下属传播或听信谣言，引起误解与错觉，控制不力，处理不及时的话，美容院天天人心惶惶，人与人之间缺乏信任。

（7）缺乏处理突发事件的灵活性。有客户投诉时现场人员无方法，四处找老板，致使客户不信任美容院的服务；或因为缺乏判断力，轻易相信别人的所有许诺，把美容院带向一条投机路。

（8）在竞争中因为决策缓慢，失掉先机或缺乏所需的资源。

（9）目标与期望无法明确划分。在目标与期望之间，缺乏有效的组织与行动力，结果谈得多、做得少。

☞ **特别提示**：知道自己哪里不对才有可能变得更好。

☞ **不能犯的错误**：老板自以为是地认为没有问题时，那就是最大的问题！

15. 经营美容院不能犯的错误有哪些?

答：（1）有钱赚就推销。你推荐的项目并非适合每一个客户，而客户由于缺乏专业知识，她喜欢的项目却未必适合她自己。这时，专业美容师应依具体情况做出建议。如一些根本不适合顾客的项目，美容院为了把那客户口袋中的钱赚到手，就故意隐瞒真相，"有意"地满足客户，这绝不是好招。

（2）价低就进货。一些美容院为了降低成本选择包装漂亮而品质低劣的产品，这是导致经营失败的雷区。极少数经营者更是一年半载便让全部产品"换代"，以赢取暴利空间，却让客户置身云里雾中。这样的投机行为绝对经不起考验，客户的流失更在情理之中。

（3）偷梁换柱。还有的美容院，用单种低价产品换掉客人项目中的高价产品，或者因为管理不善，美容师剪掉面膜中的一角自用，令客户在不明白的情况下，遭受损失。

（4）因小失大。也有的美容院一次性使用的面巾等物品，回收后再用，看上去节省，实则危险。一切有损于客户利益的招法都是自杀，客户今天不明白，明天不明白，等有一天全都明白了，美容院也到了关门大吉的时候了。

☞ **特别提示：** 不能拿自己的客户资源开玩笑，爱惜客户就是珍惜美容院的最高利益。

☞ **不能犯的错误：** 满世界学损招，为一点蝇头小利失去诚信和未来，也在员工面前失去人品。

16. 美容院如何辨别加盟公司是否有实力？

答：随着美容市场的进一步发展，越来越多的行业和个人进入这个行业。因为所有人都相信，世界上女人的钱是最好赚的。从中国进出口商品交易会（广交会）上可以看出，既有琳琅满目的国际品牌，也有一批迅速崛起的国内品牌。也有一些投机分子，专门为参加美博会准备了足够的诱饵，供加盟者上当。她们的原则是一个省还不得有几个上当的？中国这么大，一个人掏1万元试一下，美博会上如果有100家加盟，这就够赚了。这些公司大部分是为了参会拼凑起来的，会后不知所终。这种无固定电话，只有小灵通或手机的公司还好辨别，就怕打着广州或香港牌子的所谓"国际品牌"，许多都是拼凑的假货，却也打着免费加盟的口号，诱骗很多人上当。她们不但宣称免费加盟，还大送特送美容床、美容仪器等多种物品，唯恐你不动心，或者是交5万元送价值5万元的产品，等等。想一想，人家为什么送给你免费的午餐另外送你一大堆的好处？为什么呀？如果你不掏那5万元或1万元，谁还会白白送给你啊？

有五种方法辨别这种"特别"公司：

（1）不怕麻烦。查注册商标是否存在，查公司是否有正式执照文件，查产品是否获得国家批号，查公司办公地点是否和注册地点一致，是自有房产还是临时租赁，租了多长时间，临时公司在这些方面还是有马脚的。虽然这些方法能把一些公司剔除，但还是不够的。

（2）看印刷品设计。大品牌公司在这一点上很注意，产品大都精美异常，自成系列。这预示很高的投入，假公司通常在这一点上，会有漏洞。看似印了宣传单，却只有一种，其他是复印的产物，设计粗糙，文字煽动，有时语法不通都照印不误。

（3）看文字招商内容。从 3000 元到 1 万元加盟的条件又免收加盟费的大部分属于这一列，可以怀疑不是正牌。而招商主题就是免费和赠送，不管你是什么条件，交钱就可以买代理权，甚至教给你招加盟的门道，更在此列。

（4）看现场接待人员表现。一问三不知，只让你看加盟文件，大都是托词。或者只有一个人拼命讲，其他人傻傻地听，那些人也是摊位上凑数的。要详细交谈后才能辨别是不是真货色。看合同文本，细细查验每一款条件，许诺无法实现的，无法自圆其说的，还能真吗？

（5）看产品证书、看产品包装、看招商加盟条件。真正的品牌在招商加盟上很矜持，不会大肆免费赠送，更不会以很低的加盟费让出市场。她会选择合作伙伴，虽然假加盟公司也提加盟条件，但是一看就是假的，她不看你的营业执照，不做客户调研，来者不拒的土豪劲头一看就是个敛钱的。真正的加盟公司会客观提出加盟条件，不煽情，也不会盲目许诺，为了保证自己网络的成功，她会慎重选择合作伙伴，没有那么一夜建立一个网络的投机想法。10 年建立 20 家连锁店，在中国很现实，因为行业人力资源的局限太大了。冷静的后面是更为坚实的进入和占领。

预计以后，伪加盟和所谓的合同连锁会收敛一些，因为小美容院已经在加盟热后清醒多了。左 1 万元、右 1 万元的加盟除了让库房拥挤，并没有带来我们指望的任何益处。加盟中所讲的所谓全国媒体广告支持成了一张报纸上 1/4 版的广告。派来的技术指导是个话都说不清的小姑娘。讲统一店面包装，让我们买的招贴画只宣传产品概念，客户不感兴趣。但是也许有人会伪装得更像一些，因为大的骗子总是比真的还真。所以，美容院要加盟还有一招，就是慎重选择，不怕花时间考察，千万别为了省路费而匆促决定。

☞ **特别提示**：美容院真的要加盟吗？加盟想解决什么问题？加盟后真的能解决吗？掏出加盟费如何消化这些产品？它们会被现在的客户接受吗？如果品质不好的产品用在自己的客户身上，我们有能力承担失去客户的风险吗？如果那个公司什么都能包办，她又要我们加盟做什么？如果她们看重的是我们的客户，加盟她对我们的客户有益吗？

☞ **不能犯的错误**：为流行而选择加盟；为了提高营业额而选择加盟；为现场气氛冲动买单加盟；为了免费加盟；为 100% 的保证加盟；为什么都不了解而尝试加盟。

第二章 | 美容院的人力资源管理

17. 为什么美容院管理难？

答：只要做过美容院老板的人都知道，最头疼的问题莫过于美容院的管理了。

难点之一：招人难。一般高素质的人员对于美容行业的偏见未能消除。加盟美容行业的大部分员工都是高中或初中毕业生，在当地早入行的业内人士开办的美容培训学校学习几个月，就出来就业了。年龄小、稳定性差、情绪易波动。从业人员底子薄导致的职业素质参差不齐，使美容院难于快速提高和规范管理。

难点之二：管理难。美容院管理者大部分并不精通管理，几乎白手起家，靠机遇和勤奋做事业。而这个行业的低门槛亦惯坏了一些从业者。使她们养成了唯我独尊、舍我其谁的气焰。因此，不容易从老板入手建立专业规范的管理体系。这从根本上为企业的管理和发展增加了难度。

难点之三：经营难。真在市场压力下想做好管理经营了，又发现万事都难。不懂经营，也不知如何管理，满世界的培训都跟技术有关，跟管理沾点边的又听不懂。现在市场又不比从前，从前一个城市只有三五家美容院，现在一条街上就有十来家，竞争的激烈只能以白热化来形容，以至于头些年挣钱的速度和现在花出去的速度一样快。

☞ **特别提示**：要在实践中学习管理。管理的重要标志是随着发展建立健全的规章制度。这需要耐心和专业才能换来省心。每个发展中的企业都要在关键时刻开始进行规范的管理运作才可能使发展速度提高与人员成长加快。创立一个企业可以靠天分，企业家有"天生我才必有用"的洞察力与决断力的本钱，也就是"时势造英雄"。发展一个企业要靠规范管理，只有系统的管理才能打造一个长久经营的平台。管人和理事应该是美容院经营的重点。每个人做什么？做到什么样子？得到什么结果？每件事情做到什么程度才合格？做多长时间？什么情形下谁负责任？都应该有据可查。

创业后的守业需要我们转变角色。只要认真去学习做企业管理，一定会有收获。学习时选准课程，选准专家，不要被低价和文凭所左右。

☞ **不能犯的错误**：什么课都不听，什么书都不看，一味固执己见；什么课都听，什么人都信，就是不能做。

管理就是种庄稼，一分耕耘一分收获。

18. 美容院的主管如何塑造自己的独特魅力？

答：美容院缺乏有经验的主管，这在业内已成为不争的事实。而从别人那里挖人，特别是从做得比较好的同行那里挖人，也成为不少人的选择。事实上能被挖的人，特别是多次跳槽的主管或顾问，换了一个地方以后，业绩表现不一定达到挖她的老板的预期。离开了她曾经创造业绩的平台，她的客户很少会跟随她个人投奔新的美容院。更别提一个频繁跳槽的人，其稳定性与忠诚度又如何判断呢？挖人是有风险的。这也证明，挖人不一定是我们美容院寻找管理人员或销售人员的最佳途径。相反自己培养管理人员，还要相对容易一些。前提是看美容院的发展和她的领导人能有多大胸襟做事情。

而美容院的主管要想成为优秀的管理者，没有实践经验不行。优秀的管理者不一定会是优秀的老板。如果美容院能留住主管，这就要给她提供发展的空间。告诉你的员工，美容院的未来是什么样的，比给她提成几个点还重要。而一个优秀的美容院主管也要在工作中寻找自己的成长空间。

（1）优秀的主管要建立责任经营的观念，知道老板把美容院交给自己打理，一定是自己的责任心能够让她放心。这是一个老板投资、我们学习的最佳机会。在赚着工资和奖金的同时学习管理，机会难得，值得珍惜。重用是看重，而不是老板离开我们就不行。

（2）优秀的主管要以成长来评估经营绩效。不要把业绩当成自然成长的数字，而要对自己实施管理，有足够的计划实现管理目标。美容院的管理就落在客户增长和销售额增长上。顺水推舟的工作，只靠赠送和推广达成的业绩有时是不实际的数字。因为推广的低价位会令美容院丧失利润，比不推广还糟。

（3）优秀的主管要落实追踪才能掌握成果。要想达成业绩和利润的双层提高，主管要善于动员全美容院的人工参与到服务品质的创建上来，并能通过自己的跟进使每一项具体工作落到实处。只有过程正确，结果才会是我们想要的。

（4）优秀的主管要忠诚至上、敬业第一。在美容院，一个优秀的主管要为所有员工做出榜样，在所有事件上堪为楷模，并能以美容院为重，才能服众。最怕当面一套、背后一套，或把一切管理奖惩中的奖励部分说成是自己的决定，把扣分说成是美容院定的，言外之意是老板的意思。这样只能令我们丧失威信。我们的敬业要表现在对管理尽责，这同时也体现了对员工的公平。

（5）优秀的主管不能以个人喜好来做事，而要因事情的轻重缓急有先后。好的主管要对员工一视同仁，员工不愿做的，自己能顶上，然后能说服员工接受这个工作，并最终能因人施教，帮助员工找到自己最喜欢做的工作。在每天发生的大小事情中，能分出轻重缓急，而不是急急忙忙地每天干不完，脾气因此很大很坏。最后自己喜欢的多干些，不喜欢的不干，再不行就辞职。

（6）优秀的主管不是球员而是教练，应善用组织来达成目标。不要怕教别人累而什么都亲自做，优秀的领导总是善于教手下方法从而提高忠诚的部下的能力，能利用所有人的才能使美容院的业绩蒸蒸日上，而不是一味的个人英雄主义。

优秀主管的工作应多发现别人的优点，同时也检讨自己的缺点。主管要在工作中表现谦虚的人品，不要吝惜对部属的赞美。学会表扬部属，就是善于激励别人，如果在表扬中能及时指出员工的优秀之处，那我们相信，该员工能感受到主管的水平。不要员工平时工作做得好就认为是应该的，一出错误就立刻批评。优秀的主管要善于在员工出错时，先检讨自己管理和辅导不够的责任，然后再与员工探讨改进的方法。

下面这个故事能帮助我们看到管理人员的方法多么重要。

某美容院一个叫小丽的员工，因为很受员工欢迎，工作尽责，兢兢业业，被提升为主管，她心里很高兴。早晨上班时，她第一次主持员工早会，她想当了主管应该严肃些才有权威，于是很严肃地提示让大家注意卫生，因为"非典"的影响，美容院当前的工作重点也成了卫生环境。

朱俐安老师与全国各地的美容行业精英齐聚一堂

讲完话后自己心里还很紧张，不知道自己今天的表现如何。散会后，她想问问平时跟自己要好的同伴，不料一个也不理她，都匆匆走掉了。

小丽心里有疑问，可还得照常工作。在例行检查到前台时，突然发现顾问间的桌上有一只用过的茶杯，于是忙喊："小邢，快把这个杯子拿走。"不料小邢一撇嘴说："谁放那儿谁拿。"就转身走了。小丽很委屈，这是为什么？平常大家都好好的，为什么今天对我就这样了呢？还是不干这个主管好些。一切都是当了这个费力不一定讨好的主管带来的。当然小丽没有辞掉主管的职位。小丽换了一种说话的方式去找小邢沟通说："小邢，今天真对不起，我在前台大声喊你，让别人会怎样想？虽然我心里没什么，我还是原来的我，但你对我有什么只管说。""哪里呀，我只是心里不舒服，以为你刚当了主管就不认我们了呢！""其实，没有你和大家的支持，我怎么做得下去呢？我刚做这个主管工作，有不对的地方你一定多帮助我呀。"两个人重新和好了。看来在女孩子成群的美容院，沟通不讲方法，就会引起误解，当了主管还像以前一样大大咧咧也不行。

因为你的职务变了，员工看你的眼光也变了。那么，说话就要客气，姿态要平等，才不会引起反感。优秀的主管善于用幽默的语言调节气氛，化解情绪的激动。另外，讲话简洁才能减少怨言，千万不能啰唆。

优秀的主管要学习接受更多的知识才能够培训员工，在处事上要坚持公平立场才能博得员工敬重。平时尽量不要和个别员工特别亲热，那样在工作中一旦与你关系不错的员工出错，你罚她，她会心里不舒服，觉得你缺乏朋友情谊，会疏远你，或心里留下阴影；你不罚她，其他员工心里不平，以后无法工作。所以，主管要在美容院工作中表现公平，和员工保持等距离为好。在美容院外交朋友会更好些，如果是好朋友，提醒也不要在美容院里表现特殊的关系。

☞ **特别提示**：做主管不容易，在一个可以做老板的行业内为别人做经理更不容易。把美容院的管理当成自己成长的事业，放弃为别人打工的想法，我们收获的能力会和我们付出的所有精力成正比。

☞ **不能犯的错误**：当一天和尚撞一天钟，或当一天和尚撞不着钟。不想负责，只看收入。有钱就做，没钱走人。

19. 如何克服员工认为美容行业是暴利行业的心理误区？

答：（1）老板不要犯此种错误。首先，员工为什么觉得美容业有暴利呢？因为美容院老板错误地认为美容行业是暴利行业，从而才影响了员工的认识。

（2）美容院老板要学会算经营账，然后再教会员工算账。大部分美容院老板都不会计算经营成本，经常把预售款当利润花掉。美容院的随意性经营造成管理的任意性、进货的随意性、用人的近亲性，让员工认为这不过是老板的私家店，而且是没有成本的赚钱机器。员工不会考虑工资、广告、装修和服务价值，但是，当美容院把 5 元一张的面膜卖上 35 元一张的时候，员工心里就会大惊——"太黑了，我是不会买的"，让员工明白经营成本比让她们知道进价更重要。

（3）教会员工明白客户要买什么。美容院的客户不是要买产品，而是要买服务。美容院的员工服务创造的价值才是客户最需要的产品。不明白这一点，美容院的员工要么为销售而销售，为提成而互相反目；要么只服务不销售，甚至为帮客户省钱而出馊主意。而大部分客户在此时并不因为美容师为自己省了钱而心生感激，却反而因为美容师的行为并不专业从而怀疑自己的选择，直至她找到一家专业不容置疑、服务很好的美容院为止。

（4）教会员工认识到自己的角色。随意帮助客户打折或劝客户另选产品的员工从狭隘的角度作为客户的朋友牺牲了美容院的专业和口碑。从本质上说，很少有美容师因此而成为客户的朋友，这是工作性质决定的。客户因为你的专业而需要你，并不是因为你的美丽而爱上你。客户不是为了省钱来美容，而是为了效果才开卡。请尽量做到专业和尽心，客户付出的才值。

（5）美容院老板要明白自己应该做什么。要想拥有合适的服务人才，就得教育自己的员工。

我们经营的是无数个优秀员工凝聚成的美容院的品牌。让所有员工懂得公司的重要性，懂得经营的价值是在为客户提供超值服务。假如客户的收入和我们一样，她又怎么能来我们这里消费呢？假如为了省钱，她不会到商场买了面膜自己回家做吗？客户是需要购买我们服务的特定阶层，我们的存在是为了换取客户的满意。如果没有客户的需要，我们美容院的员工工资谁付？水电费谁付？广告费在哪里？买仪器的钱在哪儿？租金怎么办？装修和通讯费呢？整个算下来，产品价格只是美容服务中的一小部分而已。明白了美容院的费用支出，我们的员工就应该明白，我们应该感谢老板为我们提供了就业机会，提供了能让我们成长的平台，她的投资让我们学到本事，换取收入，我们的客户因此喜欢我们。

☞ **特别提示**：规范管理，让员工知道公司支出和费用的巨大，才会让员工知道办企业的不容易，才会珍惜这份工作。

☞ **不能犯的错误**：大部分美容院在做亏本的买卖！而老板亏了自己还不清楚，总以为自己很有钱，不停地把预收款当利润花出去。

20. 美容院如何保持高昂的士气？

答：高昂的士气是使美容院保持优质服务的重要因素，如何让我们的员工在士气方面保持良好的状态呢？这也是我们在美容院经营中十分关注的问题。美容院的管理者应该是一个善于激励的领导者，能够对员工实施有效管理。士气高昂的秘诀在于正确的激励和引导。要使我们的员工们愿意在工作中学习，就应该通过学习制度向员工表明，美容院的系列培训将使她们在掌握更多技术和提高收入方面、在晋升机会或工作保障方面，得到应有的保障。所以，美容院要有完善的晋升制度和奖金级别来区别不同员工的不同绩效。告诉她们为什么要以这种方式做某件事。只知道做什么和如何做的员工只了解事情的一部分，如果她们知道为什么要按规定的方式去做，那她们就能更好地被激励起来。

善用早会来激励表现优异的员工，千万不要把早会开成批评会。管理人员要有感染力，利用春游、聚餐、卡拉 OK 或与其他单位联欢来让员工感受到企业的凝聚力，不能不管也不能管死。

　　☞ **特别提示：** 只懂得向员工要业绩是不够的，还要懂得文武之道、一张一弛的道理。放松也是一种激励的手段。

　　☞ **不能犯的错误：** 又想马儿不吃草，又要马儿跑得快。

21. 目前美容行业经营者的风格类型有哪些？

　　答：目前美容行业经营者的风格类型大致可分为四类：

　　第一类是机会主义者，像黄牛，勤恳不怕压力。她们抓住了市场先机，具有市场眼光，经历了原始积累，正在开始大规模扩张。此时，急需注意的是经营重点放在哪里？是用早期的投机经验在美容院院长们身上赚取加盟费或仪器代理费，还是用规范的企业管理完成真正的企业化进程？随着市场规模的扩大，未来的美容业是低利润行业。没有一支规范化管理的团队，只靠产品营销或炒作品牌加盟概念，迟早会遭到市场的抵制。因为美容院的经营者的趋利性决定了她对产品的选择或淘汰，这样的企业目前急需的是老板要明晰市场的发展动态。她清楚也明白这一点后，然后到哪里寻找扩张所需的职业管理者的问题。

　　第二类是转型期经营者，像猴子，聪明点子多。自己已通过加盟和连锁建立了一定的网络，并通过产品销售和仪器代理取得了比自己预期更多的财富，目前正在转型投资各种产品或仪器生产。这种转型的美容业经营者的风险在于，自己做的产品除了概念以外，并无多少核心优势，甚至仅仅是廉价的化妆品底料而已。最花钱的部分不是产品，更不是研发，美容院经营者拼命做好的无非是包装，准备自己把小美容院的产品需要一网打尽，甚至自己配出成分严重超标的治疗产品，利用自己的网络销售。这样的经营者能经得起未来客户需要的考验和国家管理规范的要求吗？如何真正为企业发展打造成功的市场品牌还是个未知数。

第三类是专业产品供应商，像恐龙，巨大而缓慢。是一些早期的美容产品生产厂家，凭着敏锐的自我判断，确立了在这个行业的大佬地位，每年凭着广交会的订单也能维持。只是在越来越多的竞争者出现时，过于自负的感觉恰像温水中的青蛙，越来越缺少生气正慢慢死去。这样的企业以家族管理和老板强权为主要特色，无形中，这些前辈就是短视经营的美容院难以持续成长的一个缩影。

第四类是进取型经营者，像豹子，速度快，反应敏捷、身手不凡。她们入行时间短，还没有形成规模，只是默默经营着自己的一方天地。虽规模很小，但眼光不凡，起步很高，虚心好学，追求发展，管理正规，发展速度不可小看，她们代表了美容院经营的发展方向。而客户资源不稳定和资金短缺等因素也时时考验着这些经营者的综合能力。

这样看来，美容业经营者的素质、眼光和决断能力决定了她在行业内未来市场中的位置和分量。不仅仅是跑马圈地那么简单，也不仅是一个牌子卖几年那么轻松。最终，经营者拥有的员工忠诚度和品牌文化及经营者的感召力决定了她的市场生存基础。

作为一个有潜力和发展空间的行业，美容业不缺乏鼓动者和宣传者，甚至也不缺乏经营者。美容业缺乏的是高素质的管理人才，缺乏的是真正意义上的行业带头人。而美容业缺乏真正意义上的行业带头人的现实，使美容业的影响只局限于圈子内部，在更广泛的社会范围，在企业的发展中，美容业几乎以一种市场的自我成长来引起社会的关注。由此，作为美容业的有识之士，应该考虑把行业整合当成自己的责任，在为自己打造品牌的同时，也为自己广纳贤才，通过拥有高端人才完成对市场的占有，最后完成自己在行业中的准确定位。

☞ **特别提示：**有诚信才配做人；有雅量才能用人；有魅力才能迷人；有能力才能服人。有梧桐树才能引来金凤凰。

☞ **不能犯的错误：**自己能力不高，想靠提成吸引高素质的人；自己不懂管理，却想让一个懂管理的人听自己的，又想让自己完全信任她；没有规范的管理模式却想靠感情吸引高素质的人加盟。

22. 美容院管理者如何从自身做起？

答：（1）率先进行自我启发：榜样的力量是无穷的，只要能以身作则，就是有说服力的管理者。

（2）行动富有活力：行动不是懒洋洋的，态度不是忽冷忽热，而是随时充满激情，表现出自己内在的充实程度，这会给员工潜移默化的影响。

（3）善于照顾他人：不要等到员工犯错误时才走出来罚款。在员工需要的时候提供帮助，会让管理者赢得员工的信任。人会对有难时曾帮助过自己的人产生无比的好感。

（4）彻底观察下属的心理，而不是让自己的情绪成为员工的风向标：严厉不等于权威，只有令人心服口服才能赢得下属的心。

（5）受到部属的信赖：工作绩效高（低），部属的信赖度也高（低），要做到业绩和服务态度都成为员工的样板。

（6）具备领导力：主管应成为部属愿意追随的领导者，没有人天生就会跟随你，员工要从心里认同后才会对主管采取信任的行动。领导力实际上是我们对员工的影响力。

（7）不包庇不祖护：女性下属对上司的包庇、祖护相当敏感，而美容院的女性环境又容易引发大面积的情绪反应。这时，公正就变得十分重要。

（8）工作态度积极：希望"工作"，将工作视为管理业务之一，而不是把自己同普通员工分开。

（9）措施和态度适中恰当：语气表现要有正面影响力。

☞ **特别提示**：不能因为是管理人员，所以就对所有人发号施令；也不能因为年轻，所以随便对待自己和工作。

☞ **不能犯的错误**：把管理当做为老板工作的痛苦折磨，与员工诉苦；只管罚款，不关心员工的心理感受。

23. 美容院管理人员如何激励和表扬员工？

答：在激励员工方面，美容院要避免直接使用金钱进行所有激励。那会令员工直接把任何举动都与金钱挂钩，成为唯利是图的算计者。在激励员工方面，不妨多从员工的年龄、性别、阅历、审美等多方面进行观察，然后，对症下药，满足员工内心深处最深的渴望比拿起金钱来作为交换和鼓励更有效。

比如，在员工中，通过设立"服务天使"奖项，发给入选者一枚微笑奖章，能提高她在客户眼里和同伴眼里的分量，影响一定大于 10 元钱。

通过设立精英奖，让那些优秀的美容师通过点单率让自己立于荣誉的高点，哪怕只得到一个精美的项链，都能增加她的信心；通过设立进步奖，让那些见习员工看到自己的进步被认可，奖品可以是一支客户常用、自己消费不起的进口美白乳液，这也能让员工对自己的产品更熟悉和热爱。给常年加班的店长一个七天的有薪长假，让她可以陪陪自己的家人，给全体员工一个停业郊游的机会，令员工产生感恩，从而更加努力地工作。可以有无数种激励员工的方式，它的使用，在于我们对于人性的了解和把握。

通过精神激励，可以比单独使用金钱鼓励更能体现团队的荣誉感和凝聚力。

在工作现场，没有什么比赞扬一个人更能获得她的心。管理人员表扬员工、美容师和美容顾问赞扬客人，都会令自己的人际关系变得亲善。表扬是需要学习的一门特别技巧，不会赞美就会令人讨厌，错误的赞美也会适得其反。表扬一个人绝不要面面俱到，那就像说假话一样令人感到虚伪。

（1）要赞美一个人引以为荣的事。言辞准确、态度由衷、神情专注、事件具体。中间要停顿一下，先是表明你很重视这件事，并认真看待她的表现。比如："小丽，我发现你在休息室向老员工咨询美容手法，这让我很开心。（停顿）如果新员工都像你一样好学，你们很快就可以通过考试上岗了。这让我更喜欢培训工作。"

（2）善于从小事上称赞。不要用大道理，也不要拔高，那令人不舒服。找出值得关注的细节，并要善于发现小事的重大意义。要想使自己能在对别人的赞扬中体现独到之处，就在平时处处留心观察、细心思考，找出值得重视的地方，还要善于排除遮挡视线的障碍，对于有些人很容易的事，对另一些人也许很困难，当她做到时，就要赞扬，这样会使之很受感动。

工作中，因为分工不同、责任不同，很容易出现眼高手低的随便赞扬，也有可能因为是"熟人"随口举例，令其他听者摸不着头脑。除了直接表扬以外，还可以用其他的方法。

间接地赞美

假借别人的口来赞美一个人，这样既传达了第三者的善意，也能表明自己的赞同立场。通过赞美与对方有密切联系的人、事或物，来折射对一个人的赞美之意。对别人说，不当面对受赞扬人说。赞扬他人的人品时，要注意不要乱做比较。更不能拿另外的人做比较，以免弄巧成拙。

赞美客人时要注意

把握被赞美人的特点，是熟客还是生客？年纪大还是年纪轻？不可过于自来熟，否则会显得唐突，显得没有分寸。

赞美时不要不懂装懂，乱加评论。不能说："您可真有趣，这么漂亮还要做美容，那我们可怎么办呀。"这样的话让客人会很不舒服——你怎么办我怎么知道？没有距离的赞美会成为缺乏修养的浅薄。

☞ **特别提示**：要用心才能准确发现别人的优点。不用心或拿起话就说，都容易使我们的赞扬成为讽刺。

☞ **不能犯的错误**：用一句"有风度"、"有水平"、"很漂亮"赞美遇到的一切人，结果没有一个人认为自己受到了重视。相反，假如她恰好不那么漂亮，还会认为是受到了讥讽。

24. 如何掌握批评的方法？

答：美容院的管理者在经营中不遇到困难是不可能的。员工不犯错误也是一种理想。大部分美容院的管理者在员工犯了错误对其进行批评时不被员工接受，或者感到工作沟通困难，有两种原因：

第一，之前没有订立或明示规矩。俗话说"没有规矩不成方圆"。你从未告诉过员工她的工作业绩是如何考评，她的行为怎样才算符合标准，手法如何才是正确的，接待如何才能令客户满意，介绍产品和项目怎样才符合专业原则，员工靠自己的本能或者习惯做着要求很细致的服务工作，怎能不犯错误呢？不犯错误只有一种可能，就是她什么都没有做。

第二，之后不懂因人而异的沟通方法。有了规矩，不懂批评的技巧，沟通方式生硬也容易引起员工的逆反心理。批评应该针对具体的行为后果，不要使用情绪化的语言进行人身攻击。也不要过多牵强附会为员工探寻犯错误的借口或追问其为什么。否则，就是在用问话为员工寻找犯错误的借口。在员工犯错误时，要正确地进行沟通。注意事项有以下几点：

（1）正确地使用批评的方法，在批评之前要明确你对错误的评价，然后确认你要批评的事实。比如："晓钟，请跟我来一下，好吗？我想问一下，我们的老客户档案整理好了吗？""还没有。""记得我们上次开会你说过什么时候完成吗？""周二。""那为什么我昨天没有见到呢？"略微停顿后说，"你知道，我答应今天交给老板我们店里的老客户资料，其他店里都交了，你没有完成，我也无法拿出，这会影响整个公司的客户建档工作。"最后，比较肯定地商量说："我们能否确认一下，这个工作的最后完成时限？""我明天一早交给您，好吗？""好的，我希望能按时拿到数据。明天见！"

（2）批评时还要选择最佳的时机和场合。最好是下班时批评，给员工消化的时间来调整心情；上班的时候请以表扬开始一天的美好时光。

（3）中间要具体指出问题在哪里。看到事实并指出事实。所以，现场看到顾问接待客户时，因为面部紧张，没有及时回答客户的问题，使客户离开了，就要直接说出来：我看到你没有回答她的问题，是没想好还是紧张呢？这样接待客户就会无力留住客户。客户会怎样看待我们的专业能力呢？直到顾问认识到自己的不足。比起"你怎么搞的？为什么总是

朱俐安老师和学员在一起

搞不定呢?"的抱怨,帮助员工意识到问题使她找到改变的方法更好一些。

(4)告诉员工错误的危害,表明你为此而难受。不要在批评时假借公司和老板的名头,那只会令员工把你当做靶子发泄怒火,同时还无法树立你的权威。上面的例子把"公司可是有规定,试用期顾问接待成功率有考核的啊,你看着办吧。"换成"大胆些,客户提出要求后,直接回答她,我相信你一定会,只是有些紧张,是吗?你可以跟着我先看一下,再接待下一个客户,有信心吗?"

(5)沉默片刻,让她们感受你的心情。

(6)接着别忘了表示你对她充满希望。

(7)事后,核查批评的效果并加以改善。

☞ **特别提示**:就像剃胡须前必须涂抹肥皂一样,对下属不要直接粗声发脾气,把直截了当的批评变通一下,还可以把语言变得更有技巧些,原谅别人的错误不等于迁就她。进行批评时,对错误加以处理,一定要冷静，要给下属留下自我认识的空间。别忘了批评的目的是为了获得更好的结果，而不是出气。

要对事不对人。不要在人背后批评人。如果能在出事之前就明确你的要求就容易避免错误的发生。

☞ **不能犯的错误：**要么直接大骂，令人摸不着头脑，还会引起被骂员工的逆反心理，其他人的注意力和同情心移到了被骂员工身上；要么不管，怕得罪人，令所有批评都成为拐弯抹角的试探，最后员工不知所以，犯的过错不了了之；要么不说一字，直接扣分，令员工无法接受。

25. 美容院人才流失的原因是什么？

答：美容院的人员流失及高度不稳定的从业状态，无疑成为业界的头号杀手。人才外流，比资金外流更可怕。是哪些因素造成美容师纷纷出走？有哪些方法可以留住员工的心？相信这是美容业经营者十分关心的问题。

人才流失的主要原因有以下几个方面：

（1）无正规管理和保障，工资总额相对较高，但是工资结构不佳。低底薪加高提成或索性无底薪的方式，导致员工安全感低弱，经营者的短期效应和临时心态十分明显。

（2）美容院普遍缺乏正规的管理制度，也缺乏相应的岗位配置说明。员工进出随意，所以，只能在各家美容院中比提成，比收入，流动性十分明显。按一个城市的平均收入水平，一个高中毕业的美容师的收入远远高于本科毕业的办公室文员的收入，但是依然流动频繁。这提醒美容院经营者应该考虑科学地设计薪酬体系，而不是拍拍脑袋就确定员工的工资。

（3）生活枯燥，工作时间长，工作环境不佳，无升迁机会，人际关系不佳，无合约牵挂，工作缺乏挑战性也都是员工频繁跳槽的原因。但是归根结底，都是因为美容院缺乏正规管理体制和管理方法的任意性造成的。

（4）经营者本身素质不高，没有发展规划，发展速度和规模不够，使员工对未来没有信心。有些地方的美容院月薪 3000 元招聘的卫校学生，一有机会，就会放弃工作，到月收入 800 元的医院上班做又脏又累的护士工作。莫非护士服和美容师的制服有巨大差别吗？还是我们的管理粗疏和经营者的素质不高令员工无法热爱和停留。行业的影响和职业的自豪感有时大于金钱的魔力。金钱不是万能的。

☞ **特别提示**：人才的吸引是一种双向的选择，要想留住人才，就得搭好平台，一定要创造积极向上的企业文化。

☞ **不能犯的错误**：靠高提成、高收入挖能人，靠销售高手做业绩，造成了临时利用而不是长期培养的导向，忽略了整体管理水平。

26. 美容院如何避免员工流失？

答：（1）明晰定位，系统科学的规范管理。把美容院办成真正的企业，而不是自留地。员工不明确自己的美容院是擅长做什么的，将无法给客户做介绍，也无法让自己安心。对未来茫然，就等于没有信心，流失是必然的。

（2）建立健全完善的绩效考评体系、公平公正的奖惩制度。加强福利措施，创造一种能上能下的弹性薪酬结构，而不是目前常见的工作 10 年的美容师还拿着刚入职的 3000 元底薪加提成。年资工资在美容院很少。改变不合理的薪酬体系既能节省公司的成本，也能令员工获得公平的待遇。因为难以改变约定俗成的简单化薪酬，美容院在这方面虽然付出了巨大的成本，却依然难以留住人才，更不要说引进高素质人才了。

（3）创造温馨文明的企业氛围，让员工感到真诚与关怀。用合理的休假制度与服务守则让员工成为企业的忠诚员工，而不是老板个人的跟班。老板必须是一名有责任感和使命感的领袖，这样才对员工有深刻的影响力。墙报园地和企业内刊都能成为文化的载体。

（4）有系统的培训和考核系统。对不同员工的素质、岗位技能和专业技术做针对性的系列培训，会收获完全不同的服务风貌和销售业绩。事实证明，在培训上的每一分钱投入，都会带来巨大的产出。我们在北京某会所做的顾问销售培训，使会所业绩在不改变产品和政策的前提下，每月增长 20 万。可见，如果每个顾问都有能力看到和挖掘客户的需求，而不是仅仅推销便宜和优惠，就能够通过满足客户实现健康的销售流水。有能力有收入，为什么还要离开呢？

☞ **特别提示**：不能只用钱买人，用钱买不来忠诚与长治久安。帮助员工做好职业生涯规划，科学管理和情感投入并重，给员工未来和创造上升空间。

☞ **不能犯的错误**：只学习快速解决眼前烦恼的方法，不想从根本上防止问题发生。只用不教，讲义气，不讲方法；讲感恩，忘了管理。

27. 为什么美容院的员工流动性大？

答：（1）从业人员年龄偏小，缺乏社会经验。

（2）工作技能不高，随时想找一个更好一些的工作。

（3）美容院太小，环境又单调，随时想换个地方，出去了又后悔。

（4）老板没有经验，频繁改动员工工资和提成标准，令员工因不信任而离开。

（5）新的竞争对手不断出现，她们的工资水平、美容院装修、仪器设备都远远领先，这对美容业的年轻从业者有强烈的吸引力。

（6）在外地工作的人希望过年、过节之时回家，她们因为在其他美容院另找工作比较容易而敢于暂时放弃工作。

（7）管理不规范，没有社保和福利，临时性太强，员工缺乏安全感，养成了不能长期在这个行业工作的临时性习惯。

在这个行业，好的美容院还是在人员培训上下了功夫的，也留住了一批人。但是，在一些缺乏管理和诚信的美容院，依然会产生大量的人员流动。流动的原因很多，从美容院自我检讨来看，我们在员工心中占有一个什么样的位置？我们的美容院是美容师心中的理想选择吗？如何能解决员工流动的根本问题？

☞ **特别提示**：人员流动太大会令美容院的服务质量难以保证，客户不喜欢到熟悉的美容院却被当成陌生人来服务，假如前台频繁换人，就更会令客户疑惑。人员毫无流动，也会使美容院缺乏活力，难以吸引新人和新客户，美容院人员不进不出也不行，大出大进也不行，适当流动，保持在5%的流动率应该是正常的。用系列的企业发展规划给员工未来和保障；用培训和学习培养员工的整体素质；用考核和绩效管理令员工产生不进则退的压力，有压力才有动力。创造美容院的吸引力，而不仅是靠感情维系员工关系。

☞ **不能犯的错误**：人走了，没办法；走的人又哭着要求回来，赶紧收下；对其他员工来说，美容院就成了可来可走的自由市场。

28. 如何避免核心机密流失的风险?

答:什么叫核心机密?美容师的手法,美容院的管理制度,还是所使用的美容产品?

在这个时代,什么手法、管理制度都是可以复制的,唯独不能复制的是人的能力。所以,企业最大的核心机密就是员工的能力。所谓的竞争优势是员工用专业的技术为顾客服务的效果。

产品每一家都可以买,技术和手法更是人人可学,制度人人可为,只有美容院老板本身对人的影响是不可复制的。现在,美容院的所谓核心机密可能因为我们的保守延迟被人知道,总是会被人仿制。专业化的分工制度如果不让员工明白的话,就无法被遵守和执行,如果不教,员工无法拥有技术;如果教会员工全部技术,员工就可以离开自立门户。在这种取舍之间,我们建议将员工分组培养,除了基本美容手法以外,创立一种专业的内部分工。根据员工的表现、人品、年资让员工享受不同的技术培训,培养单一技术高手,客人满意,员工不累。比如分出美容组、美体组、纹绣组、仪器组等进行培养,不要培养杂家和全才,要培养专才。这样既保证了技术水准,又保证了不同员工获得不同培训待遇和收入的差别。这只是从分工的角度来预防员工流失的一种设计。对一个美容院来说,最根本的竞争力是建立在服务能力上的,好的服务能力的培养需要非常出色的企业文化。

企业文化和员工的能力又是建立在相互信任的基础上的。

世界上唯一不可复制的是人的能力和由最有能力的人构成的企业文化。所以,在这里我们建议美容院的老板们广采博收,言传身教,为自己的美容院打造一支专业化的精英队伍。

☞ **特别提示**：技巧是人人可学的，在防人基础上用人会很累，也无多大效果。不如在信任的基础上，教人育人，创造一种极有吸引力的企业核心竞争力。

☞ **不能犯的错误**：认为美容院的文件和管理制度是核心机密，却忽略了对人的重视。或者由于过分重视人，形成对骨干员工的依赖，从来没有让人离开过。

29. 美容院招人前要做什么准备吗？

答：当然。没有哪家企业不谈价钱、不问素质就留下人来工作，那肯定是没有经营管理意识。员工选择服务的企业，就像一个人过河上船一样，如果她上了一条没有船舱和护栏的木板，不管在山间小溪中漂，还是在浩瀚的大洋中航行，哪怕这块木板是红木做的，她都在随时考虑下船，再找一条结实的船上去。企业有管理制度，就像船有护栏一样，对员工就意味着安全，就意味着员工有归属感。反之，就是动荡和不安。

为了招到合适的员工，美容院在招聘前要做好详细的准备：

（1）建章建制，把岗位要求和分工做好，再根据不同的岗位要求招聘。这样用什么人、需要什么条件就可以按图索骥了。对人有要求才可以找到人。而不是有什么亲朋先凑合着用，以后再说。结果，都是家里人，谁都不能说。办了个美容院成了亲戚安置办或救济院，不仅没人领情，反而让许多人认为自己有道理，这种情况让美容院院长十分头疼。有了规章制度，问题就变得比较简单了。

（2）明确新岗位的使用要求。做出美容院的人力要求，需要多少美容师、多少顾问，要不要文员、企划，财务谁做，管理人员在哪里，她们来了有哪些工作要求，能否通过这些工作要求检查她们的能力。否则，盲目招聘，认为印象好就留下。结果，老板不清楚能让员工做什么，糊涂的员工留下等待；聪明的人不愿浪费时间，停一下就不见了。

（3）到什么地方能招到合适的人？美容学校有哪些？卫校的员工可以吗？用什么吸引这些未来从业人员来我们的美容院？我们对自己美容院的发展明确吗？能给员工一个发展的未来吗？

（4）员工入职后的安排清晰明确吗？由谁介绍美容院的状况和工作要求？由谁讲解美容院的前途以使员工充满希望？由谁来做技术和手法培训？怎样考核才能够定级和决定试用期限？标准的服务要求谁来制定和考核？员工怎样才算做不合格和优秀？

（5）如果美容院包住宿的话，员工宿舍在哪里？怎样管理？谁负责？

（6）通过什么渠道招人？要花费多少？什么要求？

（7）谁来检验员工手法，并负责技术培训？如果联系了厂家做培训，由谁来组织？谁来评估培训效果？

（8）如果试用不合格，我们怎样做出约定？我们跟员工签合同了吗？

建议招聘前设定目标：最好到卫校招聘素质比较高的员工，会改变我们的人员构成。

☞ **特别提示**：没有规矩不成方圆。我们给员工工资就有责任告诉她每天干什么。招人前先问自己的公司制度建好了没有，然后是选合适的人做合适的事。

☞ **不能犯的错误**：只顾招人，用嘴巴讲用人，没有制度，没有合同，没有约定，只能吸引临时性打工妹。就像小水塘不能养大鱼一样，没有管理的美容院也招不到有实力的人。

30. 如何招聘及管理好美容师？

答：将"法治"与"人治"结合起来，才能真正管理好美容师。

大凡美容院新张开业，美容师一般都是从外部聘请的。而且众所周知的一点，美容师聘用往往缺乏完善的人事合约，这也是日后产生纠纷的原因之一。在此我们建议新开张美容院：

（1）开张前就要物色好美容师，体检合格后签订试用期合同，并且应进行不少于15天的培训，内容根据美容师的级别不同而有所区别，而礼仪沟通等服务综合素质培训是必不可少的。

（2）美容院开张后，美容师要按作息制度工作并严格遵守美容院的管理制度。

（3）对美容师的日常管理流程规范化。比如领用产品、顾客跟踪、工作评分、晋升标准等，都要有相应的章程。客户接待和客户服务有标准的话就可以考核。

（4）平时对美容师要多加关心，在工作和生活中尽可能帮助她们解决一些困难，让她们对美容院有一种认同感和归属感。

（5）美容院老板和美容师之间应有一种工作上的默契，达成彼此的尊重和信任。

（6）在报酬方面，美容院应履行合约，不可借故扣罚，否则，不仅造成彼此间感情上的疏远，更可导致劳资纠纷、人员流失及人心浮动。

（7）在一个女性化的工作环境中，对美容师的管理更应该注意沟通技巧，使管理更富有人情味。

（8）由于是新店，美容院老板更应与美容师共同协调，完善各项管理制度，使之行之有效。

经过一段较长时间的经营，各项工作都比较稳定之后，管理的重心就应放在"补漏"和提升业绩上。在人员管理中，把一些不尽如人意的地方改善过来，使美容院的运作更高效，提升美容院的业绩。

同时，把防止客源流失和吸引新顾客当做重中之重来抓，做好美容院员工的思想工作，并给予相应奖励。多和顾客交流，让顾客的心通过美容师的服务留在你的美容院。

另外，对美容师的言谈、举止、形象等也要做专业化的要求。应当时常与美容师沟通，不要因为彼此熟悉了就忽略此项工作。了解她们心中的想法，积极配合她们开展工作，使她们在客户面前保持令人自豪的专业形象，在其他同事面前起到良好的榜样作用。

综上所述，美容院就像是"水"，美容师就像是"鱼"，两者本来是不可分离的。作为美容院老板，应当明白这种利害关系，提供更多的机会让员工发挥所长，提高她们的收入。所谓"海阔凭鱼跃"，这样便不至于造成美容师的流失，而美容院的生意则会兴旺发达。

☞ **特别提示**：只有好的老板才会培养和留住优秀的美容师。

☞ **不能犯的错误**：哄着员工工作，对手法好的随时让她几分，对手法不过硬的员工，看不上也不教。

31. 美容院招聘时如何面谈才能留住管理人员或者知道此人是否可用？

答：如果选管理人员，就要面谈。

要从相貌、品质、价值观、工作态度入手详细考察管理人员的素质，假如用了一个不能服人的业务高手，就会得罪一大批员工。多数员工不开心，服务品质就会有问题。业务能力和管理能力是两回事，业务能力高不一定就能做好管理工作。所以，对管理人员的选择必须要慎重，因为责任的关系，管理人员的表现对公司的影响很大，值得每一个老板高度重视。

下面教大家一种基本的面谈技巧。

判断一个人的品行，就要先察言观色，看神态是否大方而不猥琐、看眼神是否淡定而不游移、看举止是否稳重而不夸张、听说话是否有经验而不油滑。

要学会问话，而不是被应聘者问个没完。通过问答，对对方的人品和经历就能略知一二。先要做一个自我介绍，以加强礼貌和权威，再开始问话：

"请问家住哪里？或是哪里人？"（表示关心）让对方放松。

"什么学校毕业？"（了解学历和教育程度）可以根据表现安排相应岗位。

"工作的单位如何？"（判断既往工作的经历，了解对方的表达能力和对工作的态度）讲工作单位不好的人，个人性格也许会缺乏适应性；积极改变的人，会很快适应岗位。

"您想应聘哪个岗位？"（假如她是第一次工作，试探个人喜好和特长）

"曾经做过这个工作吗？"（了解她的经验和方法）假如没有经验，也可以在要求上降低工资，培养她。

"我能分享一下你最高兴的工作经历吗？"（看出工作态度和实际经验）您打算怎样开始你的工作？（看一下条理性和是否有真的经验）

"如果没有工作过，您对加班怎样看？"可以看出一个人的原则导向。如果对方不喜欢加班，要求按时上下班，那她肯定不适合美容行业。

"您最难过的事情能不能也讲一下呢?"(可以看出一个人的原则重心,被男友甩了和工作未被老板肯定,表达了两种不同的原则)

"假如你做这个岗位的工作,打算从哪里开始做?"(试探她的经验水平究竟多高)

"能否用半个小时书面写下你关于这个岗位的工作认识?"(现场考验一下对方的逻辑能力及书面表达水平)

如果心里认同这个面试的员工,接下来,可以安排应试者做笔试和手法实操(如果是美容师)。根据应试者一系列的表现,决定她适合在哪个岗位上见习,再根据见习期的表现,决定定级和工资等级,当然,在录取新员工后,要做一个系列的入职培训,使员工了解美容院的规定,并了解自己的职业发展和薪酬收入的构成,并在后续的工作中,对晋级做出明确严格的考核制度,以维护公司的权威和保证对人才的公平待遇。

为什么选人如此重要?因为草是长不成大树的,选用人,比感情更重要的是看准她的品质和能力。

☞ **特别提示**:我们就是员工的镜子,我们能有足够的吸引力和很好的方法吸引到我们想要的人才吗?

☞ **不能犯的错误**:因为是亲戚,所以信任她,因为信任,所以只用她。因为她的能力不行,又天天骂她;或因为太能干,就什么都让她一个人干,累趴下再说。一个人不可能是万能的,要用长处,不要把长处变成短处。认为做得好的美容院的员工就全是好的,就高薪去挖,结果挖回来不一定好用。

32. 美容院如何培养合格的员工？

答：对任何一个企业来说，世界上没有现成的合适的人。

只有经过训练的人，才是符合我们需要的人。

到各地开办的美容学校招聘，在门前立一块牌子发出用人信息，但是这解决不了人员素质低下的普遍问题。建议在目前的情况下，一是选好对象，到水平相对较高的卫校及大专院校招工。在我们无力招到所需人员时，自己做好培训工作。

没有培训计划和工作安排的招聘，既花了钱，也留不住人。那么，我们应该为新员工培训什么才能给我们的企业和员工带来效益呢？

其实，所有的培训都应该在原则上解决三个问题：

第一，员工职业定位问题：我是谁？以避免造成定位不清、角色不明、难以管理的混乱现状。

第二，岗位行为识别问题：我该干什么？以避免开救济院，发人情工资，让每一个员工在岗位要求下明细职责，而不用在工作中打嘴仗，谁也不服谁。因为我们的岗位要求不明确，员工会按自己的理解去工作，这时我们的管理人员又不懂方法，很难说服员工，所以在管理上造成美容院的混乱，直接导致员工流动。

第三，专业技术问题：我该怎么干？教会美容院经理做一个很好的管理者，而不是一个很好的大姐。教会我们的员工在美容方面成为专家，而不仅仅是一个洗脸妹，那才是我们最后取胜的关键。只有员工认同了企业，才算留住了人心。

☞ **特别提示**：先讲明白你的美容院是什么样的？让员工熟悉自己的

选择。你是一个什么样的老板？要求大家做什么？让员工明白是否可以跟随你做一番事业？员工一进来是否可以看到培训计划安排？如果三天还没有任何安排，都是临时的活动，大部分人会选择离开；一部分人会观望，找不到工作的人才会留下。

☞ **不能犯的错误**：招人就像放羊，让员工自己呆着先熟悉环境，员工呆着顺眼就会留下，不开心就走开。人都走了，老板还不明白原委。

33. 美容院招聘员工的途径和方法有哪些？

答：在完成了对美容院员工的需求预测和供给预测，并从总量上和结构上加以平衡，制订出美容院人力计划后，就对员工的招募和来源的了解有了一个大概的轮廓。在此基础上，就可以进行职工的挑选和录用工作。

美容院挑选员工的基本目的就是争取以最小的代价去获得能满足美容院需要的合格人员。挑选过程可以分为三个阶段：

第一阶段：确定美容院的用人要求；

第二阶段：从求职者中挑选合适人员；

第三阶段：采取多种渠道选择需要的人员。

一个美容院能否吸引人们前来应聘，取决于许多因素。其中主要有：美容院的现状与发展前景，美容院的形象与声誉，美容院的工资提成和福利待遇，美容院中的培训和提拔机会、工作地点与装修条件，美容院空缺的职位类别，等等。美容院对应聘者的吸引力取决于上述各种因素的综合。根据美容院所要补充的职位类别的不同，对这些因素要分别考虑，各有侧重。

美容院招聘员工要考虑多种渠道：

（1）从美容院内部搜寻合适人选到不同岗位，特别是培训技师，内部较容易提拔。

（2）在美容院外部进行招聘广告及宣传活动，吸引业内人士首选我们。

（3）与各种教育机构如卫校、大中专院校及培训中心、美容美发学校等建立长期联系并树立品牌。

（4）到各种就业机构如劳务市场、人才交流中心等招聘人才。

（5）其他外部途径，如推荐、自荐等。

凡事选对了人，就成功了一半。

建议选合适的人，比选有才的人更重要。做美容行业的员工最基础的素质就是乐观、积极，乐于和人打交道，一定要会笑。我有个女朋友，开了一间茶坊，一天面试 400 人，选了 80 名服务员，问她诀窍，答说：天生是笑脸的，我就点头认可，苦脸的人再漂亮也不用。言之有理，也很实用，大家不妨试一试。

除了外貌端庄，皮肤靓丽，双手细腻柔软，还有基本的要求，热爱美容工作。喜欢是一个人能做好本职工作的前提，混混再说的员工就很危险。招聘的方法各有利弊：打广告，效果不十分明显；朋友介绍，管理和沟通跟不上容易得罪人。小美容院最常用的方法是在店门前打一张广告招人，本地小妹自愿来见工，还有就是和当地美容学校联系，选学员。如果是疗效型美容院，建议到当地护校招工，素质不错，培养起来上手很快。到人才市场招工也不错，只是大部分人不愿意到美容院见工，宁愿去工厂打工，使很多发展中的美容院不得不打着公司的牌子招人，培训后再留住人到美容会所工作。

☞ **特别提示：** 与政府合作招人，同行联合起来与人才市场搞主题招聘会；同业联合向卫校招毕业生。

☞ **不能犯的错误**：美容院经营者抱有临时心态，对美容院管理缺乏岗位要求与工作分析，员工也都是临时用用。因为难找人，所以凑合着不去改变；认为大家都一样，所以安之若素。结果，员工流动频繁，用人成本不断加大。

34. 美容院到哪里去招高素质的人？该不该用自家人？

答：对美容院来说，只有合适的人，素质高不高是一种相对概念，有一句俗话叫做水浅养不了大鱼。我们的制度和管理越正规，留住人才的能力就越强；而不是工资越高或提成越高，就越能留住高素质的人。素质高的人会寻求事业的发展和正规化的管理，她们更看重理念和发展前途。而美容院大部分缺乏远景规划，只是一味在收入上讨价还价，你能让业务增长多少，我就敢给你多少提成。或用家庭式的亲情管理使员工在小农式的自我满足中不思进取。

朱俐安老师与顾问销售实战训练班的部分学员在一起

那自家人该不该用？古人云："举贤不避亲。"为人谦和或包容，肯受委屈，用这样的家人岂不更好。就怕家人比老板谱还大，动辄越权管理或斥责员工，让员工以为自己是长工或短工，这就不好了。

☞ **特别提示**：让自己的眼界和心胸宽以载物，让自己的品德和志向厚以服人，自然会用人，也能用好人。

☞ **不能犯的错误**：为了让员工满意，自己家的人一概不用；只用自己家的人，只以高工资留住人，却无力吸引高学历之人。虽然高学历不一定有高素质，但学历从某种意义上确实意味着基本素质。对管理人员和顾问来说，要求高素质，可以使她们的工作更有效率，在面对要求更高的客户时表现得更为优秀。对美容师来说，要求高技术和高情商，因为专业化的技术与亲和力会使客户紧紧跟随。

35. 如何培训美容师尽快上岗？

答：大凡美容院新开业，美容师一般都是从外部聘请的，在聘用顾问和美容师时往往缺乏完善的人事合约和用人标准。我们有以下建议给新开张美容院：

（1）开张前就要定好包括美容师在内的岗位人选，体检合格后签订试用期合同，在全员素质、基本服务礼仪、产品知识、公司介绍等培训结束后，应针对美容师和顾问进行不少于两个月的技术培训。

（2）美容院首先要统一手法。因为来自各个美容学校的学员手法有很大差异，美容学校又大部分没有仪器，学员不熟悉仪器使用，或仪器使用手法不统一，开业后易被客户投诉。同时，手法不一致还会带来某些客户对个别美容师的依赖，导致客源集中，美容师无法轮牌，美容院很容易受制于美容师，实际上不便于管理。

（3）进行专业技术分类分期培训。美容院的产品仪器项目众多，如果全部学完合格上岗，对公司前期的压力就会较大。建议对美容师的培训内容可根据美容师的级别不同而有所区别，或分成专项培训。让员工学习基础护理后，根据考核和测评，分专项操作，这样既可缩短全体美容师学完所有项目的培训时间，也避免了一下子培训一个全才、造成学完了就走人的风险。专项操作，表面上增加了人手，实际上会因为人多产生竞争压力，从而在管理和控制骨干流失上起到非常大的作用。

（4）合理利用培训和考核时间。上岗后的员工，可以在白班无客人时，继续学习其他项目，或把没有排班的人员时间用单项培训填满，也可以利用上午空闲的时间进行见缝插针的考核。合理的时间管理能帮助我们节省新员工的上岗时间，避免"一刀切"。

☞ **特别提示**：培训目的要明确，培训制度一定要健全，培训时间要合理，培训一定要有方法。

☞ **不能犯的错误**：只管技术培训，不管人员管理，放羊式操作，只免费教人技术，忘记了感情交流。

36. 美容院的员工培训费用谁付？

答：全包制。像深圳、广州等沿海城市的某些美容院，在员工培训上支付了大量费用，还不足以留住员工，大家都很困惑。不培训吧，员工不合要求；培训吧，她学会了就走人，培训不起。怎么办哪？美容院实施全包，美容院掏钱培训，员工都得参加，结果因为培训缺乏针对性，搞得大家一听培训就头痛，老板也委屈，花钱也没人领情，不管了。

分摊制。还有一部分美容院采取分摊制：员工和美容院各自负担50%。而部分员工却不愿意掏钱参加学习。

合理分摊制。最常见的方法是美容院先垫付培训费用，员工根据工作时间长短按比例承担相应的培训费用。参加每一次付费培训，都要有员工签字。如果员工参加培训一年内离开，要负责培训费用的大部分数额，如果员工在培训后两年内离开，也要负担半数左右的培训费用；三年或四年离开，公司负担80%或100%的培训费用。这样美容院会相对解决培训后的人员流失问题。当然如果员工一入职，就签订一个培训合同，这样会比较好。

☞ **特别提示**：培训费用支付类别，与业务有关的内部技术培训公司负担全部费用，与员工素质、服务心态、管理技能有关的外部顾问培训和付费的专业技导培训费用，员工要分担。如果之前没规定，之后也无法管理，学员学完后就走人，美容院就办成了免费学校。

☞ **不能犯的错误**：不加选择地让员工交费培训，引起员工逆反心理，培训效果不佳，还会让员工反感，觉得老板在浪费自己的时间和金钱。实际上，好的培训令员工受益，她会自己选择交费学习。我们常年开设的"美容顾问销售技巧课程"，很多学员是自费学习的。有的员工甚至拒绝老板为自己支付费用。

37. 美容院如何选择培训课程和培训内容？

答：在美容行业，许多美容院不敢在员工身上投资，怕员工不行，又怕培训后员工跑掉，白搭进去培训费。这其实是一种对自己企业不负责任的态度。没有好的员工，哪里有好的企业。没有好的企业，又何来员工的忠诚。按摩托罗拉的统计，在员工身上每投资 1 美元，可以换来 50 美元的回报。试以顾问培训为例，没有培训过的美容顾问，在业绩的突破上面，比经受过专业培训的顾问要低 35%。我们的一个客户学习了管理课程后，再让顾问学习美容院的销售技巧，业绩当月由 10 万上升到 18 万，下一个月又上升至 25 万。效果十分显著。

在这种前提下，知道自己要什么，心里有数，对培训就会有一个清楚的认识。不至于总在一个问题上徘徊，投资是投资了，员工反倒不高兴。

而我们美容院要培养什么人？如何设计培训计划？这些问题对培训的效果有相当直接的影响。

现在，许多美容界的有识之士已开始自己培养种子部队，以满足企业快速发展的要求，因为只有心态和服务非常优秀的美容师和美容顾问是远远不够的。没有一支卓越的管理干部队伍，没有一批业务精专的技术人员队伍，美容院的发展是会受限的。即使发展了，我们的规模效益也很难体现。因为美容业的规模化、品牌化、综合化已成为一种潮流。你不想发展，就只有被淘汰。

这里，我们的经验是：

（1）先搞员工素质培训。让高素质的员工形成无法拷贝的核心竞争力。素质培训的内容包括礼仪培训、服务标准流程培训、人际沟通技巧培训、团队合作培训、客户服务培训等。

（2）专业销售服务培训。销售额上去了，企业才有业绩。专业培训包括产品与仪器的认识与使用、标准流程与话术的掌握、专业手法和方案的设计、客户分析与管理、促销方案设计与实施等。

（3）加入中层干部培训。为企业的发展培养种子部队，边培养边发展，迅速形成自己的品牌，迅速占有市场。许多做得好的美容院，都在因为人员不足而避免与别的投资者加盟或合作，其实并不是不想，而实在是受管理人员和方法的限制，使之不能为加盟者提供足够的管理和技术支持。管理技能培训包括目标与计划管理、绩效管理与考核、时间管理、面谈技巧、团队建设与发展、营销管理与拓展、渠道建设与政策等都需要管理人员掌握。

（4）TTT 内部讲师教练培训。包括专业的美导训练、会议营销与现场掌控等。如果美容院网络化发展，没有一批自己的培训师队伍就很难扩大市场。未来美容行业的发展，教育是一种优势。放弃还是发展，这是竞争中的美容院都将遇到的挑战。放弃意味着失去机会，发展意味着更大的考验。不熟悉管理的阵痛，和人员低素质的先天不足、高素质人员奇缺的"瓶颈"，都是我们发展中的阻碍因素。但在此时，谁先行一步，谁就是胜利者，在强手环伺的市场中，美容院的发展，正经历着五年前化妆品生产的有力切入点。我们自己不做，其他投资者也要下手，因为经济的发展已为我们培养了大批优质消费者。此时不做，更待何时？

☞ **特别提示：**

（1）甄别培训，事先明确培训目的。

（2）选择卓越的培训师，事半功倍。

（3）事后评估培训效果，不能以培训代替管理。

（4）挑战机遇，抓住美容业向专业化发展的机会，使自己成为比竞争对手快半步的管理营销专家。

（5）通过培训使自己销售、管理两手都过硬。

☞ **不能犯的错误**：培训是最昂贵的投资，卓越的培训总是不可替代的。不当的错误培训，培训不系统、无目的、贪便宜，为培训而培训会造成投资浪费，员工听说培训就想睡觉。

38. 美容院要做培训时如何甄别培训师？

答：培训既然是一种投资，就一定要求有相应的回报，从投资意义上来讲，投入和回报成正比。

决定培训师水平高低有三个维度：知识和经验、培训技能、个人魅力。根据这三个维度，培训师可以分为八种类型。

（1）卓越型培训师。这类培训师既有丰富的理论知识，又有丰富的行业和市场实践经验。她们熟练掌握各种培训技能，又富有个人魅力，因此培训效果极佳。

（2）专业型培训师。这类培训师也拥有扎实的理论功底和丰富的实践经验，她们熟练掌握各种培训技能，但缺乏个人魅力，因此培训效果较佳。

（3）技巧型培训师。这类培训师富有个人魅力，也掌握各种培训技巧，但缺乏相关知识和经验，因此在培训过程中受训者一直接受很快，当时感觉不错，但实际效果不一定很好。

（4）演讲型培训师。这类培训师极富个人魅力，又有相当丰富的知识和经验，但缺乏培训技能。她们往往口若悬河、妙趣横生，但只会运用授课技能，结果是掌声雷动，但培训效果欠佳。

（5）肤浅型培训师。这类培训师熟练掌握培训技能，但既缺乏个人魅力，又缺乏必要的知识和经验。因此在培训中可能故事不断，笑话连篇，或者多讨论而无结果，最终使培训走过场，不能获得应有的效果。

（6）讲师型培训师。这类培训师以大学教师为多，她们有丰富的知识和经验，但缺乏培训方面的技能，又缺乏个人魅力，结果使受训者一直处在催眠状态，前听后忘，培训效果可想而知。

（7）敏感型培训师。这类培训师富有个人魅力，但缺乏培训技能，又缺乏相关知识和经验。她们的特点是培训过程中不断提问，请受训者回答，但又不做指导，结果受训者不知所云，培训效果也不理想。

（8）弱智型培训师。这类培训师是最差的一类培训师，她们在个人魅力、培训技能、知识和经验三个维度都处于低水平。她们不是对着黑板读讲稿，就是叫受训者轮流读教材，结果使受训者浪费时间、浪费精力，培训效果极差。

☞ **特别提示**：美容院在培训时，最好聘请卓越型培训师，万一请不到也可以聘请专业型培训师、技巧型培训师和演讲型培训师。她们会令培训有效，或增加效益。

☞ **不能犯的错误**：随随便便聘请肤浅型培训师、讲师型培训师和敏感型培训师。没有效果，浪费时间金钱。为省钱聘请弱智型培训师，不但没效果，还有副作用，最糟。

39. 美容院新员工技术培训中应该注意什么？

答：（1）一次不要灌输太多。一次只给学生吃"一口"。一个课时讲清一个问题，利用各种辅助手段，说、听、练、看，让所有人学扎实。不要过快地灌输内容，为完成培训进度，使她们不能吸收。放慢速度，与员工接受和理解问题的能力保持一致，会使技术的掌握更扎实。

（2）不要只说不示范，放录像也好过不示范。一个手势或一个示范抵得上千言万语。你是否告诉员工如何洗脸，试试看！你会发现所有人都在按照自己的方式行动，五花八门。你再亲自向这个人示范如何洗脸。

手势如何用，力度如何掌握，"用轻柔的手法在客户脸上画圈"和"从内到外由中间向两边轻柔画四圈"哪一个更标准？掌握更容易、更快？在培训员工时如果把所有手法和技术标准化以后，当你向她们解释如何做和为什么做的同时，向她们示范，培训就要容易得多。

（3）一定要有考试。不但要练习，还要大量地练习。不但要听，还要讨论。不但讨论，还要考试。不考试，所有培训都是白费。并非人人都像你一样乐于学习。因此，你必须给初学者消化吸收的时间，要有耐心。解释、练习、再解释，讨论、再讲解、再练习，直到所有人通过考试证明每个人都理解了掌握了为止。

（4）不要使员工过于紧张和疲劳。劳逸结合。紧张会造成慌乱，妨碍清醒地思考，实际上破坏了学习效果。记住，新员工无须你施加压力就已经相当紧张了。短时间内告诉她们太多东西会使她们的头脑混乱不堪，她们需要放松和清醒头脑，这样才能吸收培训内容。因此，要科学合理地安排培训顺序，先理论学习，后手法学习。再理论考核，再手法练习，再手法考核。应该使培训变成愉快的体验，而不是巨大的压力，培训组织者应该有目的地使员工们放松下来。一个月考核一种手法，一年也完成了十二种标准。

☞ **特别提示**：做到事事有人管，培训有评估。要让学员给培训老师打分，以检验自己花的钱是否值得。学习中要给员工休息时间。

☞ **不能犯的错误**：让厂家培训代替美容院培训管理，厂家代表的经验和水平决定了培训的是否可行。有时，代表的迟到就让我们的学员质疑管理和老师的人品，她们直接写道：老师不专业，浪费我们的时间。有的学员直接离开，认为没有管理的美容院没有前途，还有聪明的学完就走人。

40. 美容院前台接线员接受咨询时的注意事项有哪些?

答：第一，表情决定声音。美容院前台在接电话咨询时最先注意的问题应该是表情，当你接电话之前，你的表情已经决定了你的声音。微笑的表情，客人听到的是热情和亲切的声音，这会成为一种吸引力，加上技巧性的回答，会增加客户的上门量。而沉闷的表情会使我们的声音低哑沉暗，没有客户会喜欢这种声音。

第二，要注意的是礼貌形象。坐正了讲话，否则客户会听出你的随意和随便。

第三，要注意语言的内容和语气。如："您好！这里是玛思威美容院，我是朱小姐。"然后停顿，不要无休止地说下去，听客人说出她的想法。当客人咨询时，不要试图让客户立刻认同你的建议。因为客户大部分正处于犹豫和不确定之间，此时良好的态度和无懈可击的专业性服务是促使客户深入了解的条件。最后才是表达的内容重点，你一定要清楚客户想要的是什么，这就要求我们懂得客户的心。

第四，目的决定结果。电话中搞定客户是最不容易的冒险。每一个电话的主要目的都是为了令客户上门和行动，而不是口干舌燥笑着劝说。请保持专业甜美简练的风格。把客户请进门就是接线员的第一要求。

我经历过的一件事情也许会给我们前台人员一个警示。某次，我出差新疆，想去当地一家较有名气的美容院做美容，休整一下疲劳的身心。头一天已经咨询过，第二天我打电话提前预订美容服务，接电话的小姐说："×××美容中心，你找谁?"

我心里不舒服，但还是回答找"刘小姐"。

"你是她什么人？"我心里更不舒服。

"是她的客户。"我心里不理解。

"你问这是什么意思？"

"啊，没别的意思，我们美容院上班时间不容许接私人电话。"我心里生气，但还是解释。

"我不是刘小姐的亲戚，我是她的客户。"

"请问找她什么事？"

"做护理。"

"请问你是我们的会员吗？"

"是会员怎么样？不是会员又怎么样？不是会员就不能做吗？"

"不是的，我们是按照会员制服务的。"

"那好，我不是会员，请找刘小姐，我昨天跟她谈过。"

"对不起，刘小姐不在，我能为您安排明天吗？"

"不，我只有今天有时间。"

"对不起，我们公司今天有活动，不能预订。"电话这边，我只能哑口无语。

☞ **特别提示**：在电话中询问客户需求时，先认真听取客户意见，然后回答客户。

客户说："我想先咨询一下。"

"请问您咨询什么项目或产品呢？"

"我看了报纸广告，想问做护理多少钱？"

前台立刻就得了解我们的广告推出了什么样的护理特价："谢谢您关注我们的广告，您喜欢我们广告中的哪一个项目呢？"而不是直接报出一个价格。因为没有看到客户的皮肤，就给客户推荐项目是不专业的行为。而不了解客户的需要，也不向客户介绍我们几十种护理项目供客户选择，也是不专业的。通常我们建议前台约见客户让顾问为其提供专业意见，目的是让客户上门。如果客户直接问到她指定的项目价格，不妨报出我们的会员价，这会为我们提供介绍会员制服务的机会，也不会第一次报价就吓走客户。

☞ **不能犯的错误**：直接粗鲁地审问客户，客户着急时比客户还急，客户发脾气时比客户脾气还大。因缺乏修养、语速过快或口齿不清都会放走每一个与客户建立联系的机会。用最老实和素质不高的人当前台，结果是所有广告效果线索都成了泥牛入海。生意好的美容院，还会遇到这样的回应：对不起，没位。如果客户连续订不到位，她还会是我们的客人吗？所以，优秀的前台一定得深知美容院的每一个促销和所有项目的特点和收费，并能够得体地回答客户的问题，给对方留下深刻的良好印象，这样的前台才会在这个重要的岗位中为美容院创造价值。

41. 美容院的美容顾问需要什么样的能力？

答：美容顾问最重要的能力是能够将产品特性转化为对顾客的益处，将人性的把握转化为对客户的吸引，最终实现对客户的销售服务。她的能力的核心就是完成销售和消耗两大任务指标，并建立自己完善的客户管理系统，有能力做出客户分析和产品推荐策略，并能形成令客户接受的方案。

品德是服务的基础，销售技能是专业的前提。没有专业技能的顾问只会靠低价和便宜拉拢客户，却不能保证销售的健康发展。

为了达到这一点，需要长久的艰苦磨炼和勤奋学习。

美容顾问需要的专业知识包括必备的化妆品知识及推介产品的名称、品牌和产地，包括美容产品的原料、特质、工艺以及性能用途，也包括产品的使用、保存及日常维护方法。美容顾问还要有专业美容知识，尽管美容顾问不进行操作，但是，假如一个美容顾问不了解项目操作，将无法对客户描述过程和效果，那对客户来说会降低被说服力。美容顾问还要拥有皮肤原理和女子生理卫生知识，在与客户的沟通中，还要具备心理学知识和行为学知识，加上日常护理跟踪，这些构成了美容顾问的理论基础。同时，美容顾问还需专业实践，没有和客户面对面服务和销售的经历，所有理论都依然是理论而已。一个成功的美容顾问，她的能力的最重要的内涵是她的心智模式，也即她是个什么样的人，以什么样的态度和观念看待人生和客户，品质和修养的高度最终决定一个美容顾问能在这个职业上走多远。

个人的社会阅历是一个美容顾问抓住客户的资本，她的直觉判断是通过阅历累积的，这会使她的成功率大大提高。

优秀的美容顾问是在专业训练的基础上完成业绩的，她的技巧取决于训练。没有天生的顾问，只有通过外在的技巧练习和内在的品德修炼，一个真正有魅力的美容顾问才会诞生，那是我们从事这个职业的骄傲。真正的顾问能够通过客户问题的探寻，直接找到客户的需求，从而实现销售和消耗，而不是一位用打折取悦客户的顾问。这部分的专业技巧请看另一本专业书籍《金牌美容顾问销售实战教程》。

☞ **特别提示：** 只重视现金收入、不重视内在修养，只重视外表、忽略专业知识都会造成遗憾。

☞ **不能犯的错误：** 不要用金钱诱惑客户，不要用无条件取悦对方的方式让客户看低自己。

42. 未来美容院的人员素质将如何变化？

答：假如在 20 世纪 80 年代，只要大胆去做，钱就自动找你，很容易。那么，经过了 20 年行业发展的洗礼，美容院的人员素质正在发生巨大的改变，由低素质向高素质迈进，成为不可阻挡的潮流。很难想象用低素质人员提供的初级服务，却能够赚到高收入、高素质、高要求客户的钱。

美容行业作为一个以服务为主导的行业，主要价值是通过美容师与顾客一对一互动式的服务来体现的，强调的是一种互相认同的信任感。只有美容师诚信地对待客户，发自内心地为客户服务，通过自己的诚信、专业、技术，为客户带去身心的双重享受，才能最终赢得客户的信赖。

怎样才能提高自己的素质呢？首先从自我做起，无论是从文化、品位、礼仪、修养，还是日常知识、心理学的知识抑或营养学方面的知识，我们都要开始学习，而且假如我们把学习当成一个终生的事业和乐趣，我们就会给客人带来活力。这样我们就能以专家的形象，为顾客提供真正优质的服务。

外表上，美容行业的服务人员本身要求亮丽淡雅。能够证明自己的专业在自己身上体现了很好的作用，这对客户是一个很好的说服。

语言上，美容行业的服务人员要温文尔雅，礼貌而平和，表现出相当的教养和素质，不能粗俗随意。

行动上，要敏捷轻松，给客人高雅得体的举止表现。

心理上，健康开朗，能为客人排解忧郁，充当调解客户心理的媒介。

专业上，能为客户提供针对性的服务建议，并能让客户看到这种建议带来的变化，从而加强对我们的信赖。

这一切都需要以深厚的修养作为基础，以扎实的学习作为后盾，用真诚的人品作为支撑，用乐观的性格作为辅助。我们努力创造一个快乐的美容院、学习的美容院、健康的美容院。

☞ **特别提示**：优秀的美容院是通过现在的所有同行共同努力建立起来的。标准化的服务、科学化的管理、品牌化的营销、市场化的发展是我们成长的基础。在成长的同时丰富自己，关键在于美容院的发展目标是否明确，为实现目标所做的计划是否可行。

☞ **不能犯的错误**：认为我们不能做的就是不可能；认为没有人会在这方面更成功；认为客户都很庸俗；认为我们不高雅也赚了钱；认为美容院都如此，却没有看到客户不一样。

第三章 | 美容院的管理系统

43. 如何计算美容院的管理成本？

答：许多人都以为美容院很赚钱，在 20 世纪 90 年代以前，大致是赚钱的居多。现在情况就不好说了。通过多方面考察，大约 70% 的美容院并没有明显的赢利，只靠现金流维持。为什么呢？因为大部分经营者缺乏成本概念，她们把自己的房子算作免费资产，把美容院的预收入当成自己的利润，随时花出去。以前，收费很高时生意很滋润。现在，价格战打得如火如荼，越来越低的价格和越来越多的竞争者，加上各种仪器设备的投入，都增加了成本，降低了盈利。在此时，如果还不知道成本是什么，将不知道自己的经营何时遇到风险。那就等于没有方向的航行，随波逐流而已。

如果我们大致算一下美容院的成本，基本可以包括如下项目：

◆营业场地租金。

◆营业税、工商管理费用。

◆仪器设备购置金。

◆装修费用。

◆产品进货费用。

◆员工工资。

◆奖金。

◆培训费。

◆物业管理费。

◆水电费。

◆通信费。

◆广告费。

◆办公费。

……

实际上美容院的费用情况又如何呢？可能在支出上都很多，上面的每一项都有，但是在管理过程中，不记账，没会计，心里没数者居多。以至于只一味靠打折换取现金流，从来很少计算成本和支出之间的比例是否合理，更缺少对各项目和产品的利润率分析和把握。盲目经营者的好处是现金进来就以为赚钱了，从来没有风险折磨。坏处是一朝有客户不再进门或要求退卡，我们就会大惊失色，钱我已经都花出去了呀！在大部分美容院靠预收款过日子时，如何不让我们背负太多的债务，是每个经营者都应该考虑的问题。

所以在每个美容院院长的心中，都应该有一笔账，我还欠客户多少钱？美容院的财务计算是否准确清楚？

我们用这个例子来说明，假如我们本月预收款达到 25 万元，那么，我们的成本为 15 万元，一般美容院老板会把多出的 10 万元当成自己赚到的钱。可是，在这 10 万元内，也许是 30 个客户的年卡费用，而客户一次付出了，却需要 12 个月或 6 个月才花完。在她没有花完这些费用之前，我们只是替客户存钱而已。这样一分析，我们赚的钱就很有限，也不过是 8000 元而已。如果六个月客户消耗完，我们也才收入 1.2 万元而已。仔细想一想，我们的经营就会更谨慎，从而更注重成本核算，不会盲目装修，更不会用高工资和高提成来扩大销售额。有时最大的现金流虽然满足了一时的花费，对单纯经营的美容院来说，却也预示着风险，不得不防。

表 3-1　某美容院成本概算表

项目	细目（平均比例）		某月百分比		
	房租		13%		8%~12%
管理费	工资	老板	19.6%	45.2%	20%~25%
		经理			
		主管			
		财务			
		顾问			
		基本工资	15.6%		
	提成（产品或项目）		5%		
	美容师手工	时间	5%		
		技术			
		收费			
	广告		0.15%		3%~5%
	水电		4%		3%
	培训费				3%~5%
	福利	食宿	3%		3%
		保险			2%
		节庆奖			
	办公用品		1%	3.3%	2%~4%
	通讯费		2%		
	维修费用		0.3%		
	折旧	装修折旧	7.5%	7.66%	8%~10%
		设备折旧	0.16%		
产品成本	消耗		12%	22%	15%
	客装产品		10%		
	院装产品		10%		5%
税	税				
合计					

☞ **特别提示**：在美容院经营中，不但要注意销售额的提升，还要额外注意卡额的消耗。只有销售和消耗比例合适时，我们的风险才是可以承受的。这就要求美容院在顾问培训中注意追踪客户，分析客户的消费空间，缺乏客户管理时可能就做不到这一点。也有可能产生只在个别好说话的客户身上挖掘销售额和消耗，却忽略了整体客户的消费分析和深度开掘的情况，也从而限制了销售额的提升，忽略了客户的整体服务。

☞ **不能犯的错误**：抓住每一个进店的人，只为了她能付出的现金，却在后面的客户管理中忽略了对整体客户是否满意、是否长期跟随的分析；以为客户花了钱却不来做护理是赚了；随意花出手里的现金，却不清楚美容院的保本额度，更不清楚利润额度。

44. 美容院如何降低成本？

答：（1）找出不该花的部分，没有什么钱只要一直花就是合理的。一家 3000 平方米的大型美容院，年收入有 800 万元，该美容院习惯于每月花 10 万元用于广告支出。经过反复记录和分析各媒体的广告效果，显而易见只有一种媒体的广告效果还好，因此削减 6 万元广告费用。

每年节约广告费用 72 万元。节约的这笔费用用来购进新的仪器，每月，新项目提升业绩十分可观。这只是在咨询公司的指导下，对所有广告做了三个月的信息反馈分析后的效果。削减广告费用，减少了几个媒体的投入，广告效果却未受影响。

（2）花任何钱都要让员工请示老板。请记住，一定要把员工向你要钱的手续搞得烦琐，千万别让她们随便就可以拿钱，最好让这个方法有点吓人。而一些美容院犯的错误是不用请示就可以花钱，反正老板点了头，到柜台拿钱就走，花了以后再说。如果我们坚持用仔细与挑剔的眼光看待每一项支出，并尽可能地拒绝不该花的部分，相信可以省掉许多费用。如果没有花钱的制度，就不可能管好钱，自己的姐姐妹妹也不行，不是说她们人品有问题，而是由于缺乏管理会有机会花掉不该花的钱。建立了制度，又怕烦琐也不行，美容院老板最自由，不按时上下班，所以，在坚持制度上过于软弱也达不到效果。

老板的原则是：全力杜绝无效的支出，把申请花钱的手续搞得复杂一点，使她们非得越过几个坎才能拿到钱。

（3）清空库存。这是当年生效的另一方法。在你下订单订货之前，审核你的库存运转情况，在最大限度的低库存下下订单，这不仅适用于你的美容院，也适用于你的办公用品。可是，有许多美容院老板根本不了解自己的库存，反而在厂家各种诱惑和抽奖面前进了一大堆不知卖给谁的货。且各种货越来越多，一个劲搞促销，透支了客户的信用，反而什么也卖不动。真正进了货，也需要在付款方面认真思考：

如果你延迟付账 30 天，降低库存 15 天，这样你今年的供货、服务成本这一项就降低约 12%，即 $(30 + 15)/365 \approx 12\%$。

（4）保持人手紧张。员工的工作时间一般分为两种。第一种为员工专注于工作的时间，员工用这些时间有效地提高了美容院的利润基线。通常是在中午和晚班时间，客人很多，应接不暇，于是要求加人。第二种为松散时间，美容院最常见的是早班清闲，小妹们聊天很忙，因为客人不来时，时间很难打发。在这种情况下加人，美容院又增加了成本，上午又没有活干，中午和晚班又很忙，美容院的管理者一直很困惑。怎么办？

不要轻易进人，这时美容院要做的是如何利用松散时间，让这时的工资付出不至于无效。因为员工也不愿意闲，闲则生事。关键是利用这段时间做什么，于是有组织的管理者会创造效益也就在这时表现出来了。建立和客户的有效联系，让上午的空闲时间成为预约客户的优惠时段，这样美容师就不会因为排班时间不同而产生饱饿不均的情况了。

还可以用来练习技术手法，但是如果这种练习不跟考核挂钩的话，会流于形式。如果跟考核与指导挂钩，会建立起一种非常有效的团队气氛，这种学习氛围会成为凝聚人心的力量。

这样做的结果会把无效和没有必要的工作排除在时限之外，真正忙的员工自然就会安排轻重缓急，并且只干那些真正值得做的事。更重要的是，喊着人手紧张的主管会按轻重缓急安排工作，做事将更有效率。换句话说，这样会迫使主管把工作做得更好。

宽容而不做检查，或是不对人手做严格的控制，肯定会使你的管理变得懒散而低效。帕克森有句名言：“增加工作量会把可利用的时间填满，同时也可以充分利用每一个可利用的人。”

☞ **特别提示：** 不要认为没有客人的时间就是呆着聊天的时间，也不要看着员工聊天就生气，要检讨自己——付出的每一天工资都让员工充分地工作了吗？如果员工没有在上班时间保持全工作时段，那不是员工不努力，而是我们的管理有问题。

☞ **不能犯的错误：** 有客人做就可以拿提成，没客人时随便。没有长期培训，更不想培训，因为怕员工翅膀硬了就走人。其实，只要企业内能让员工学到本事，没人愿意轻易离开。如果只教技术不教做人，员工缺乏感恩的心，离开当然也是意料之中的事情。

45. 什么样的环境才能招徕美容院的管理人才？

答：高素质的领袖和有远见的平台能够吸引高端人才。

几乎所有美容业的经营者，都面临着两个重大而不容回避的问题：如何适应快速发展的需求？什么是美容业发展的核心竞争力？在进入美容业相对容易的前提下，扩张期的挑战来源于企业自身能力的局限。平均高中学历的就业队伍，个人白手起家的发展现状，一个产品吃几年，一个概念卖一年的发展速度，使所有美容业的人士都有危机感。人力不足，留不住人，自立门户和频繁跳槽是这个行业的家常饭。缺乏管理人员，特别是中高级管理骨干严重缺乏。管理人员的缺乏，使美容业的发展遇到了前所未有的困难，本来可以趁行业成长期赚取更多利润，却由于人力不足而鞭长莫及。一些美容院老板对我抱怨："到哪里去找合适的经理呢？咱们的工资很高，收入也不低，大学生不来，更别提研究生了，就几个美容师，还不稳定，顾问就更难留住。"

我们手中唯一稀缺的资源，是能独当一面的管理人员。管理人才的缺乏限制了我们的扩展速度，影响了我们的服务水准，到了开始考虑人才储备和人才培养的时候了。否则，我们会发现空有雄心壮志，没有将军的队伍是打不赢市场战的。小美容院在抗风险和成长方面的局限性决定了它对人员素质的要求不高，而大的美容机构、美容企业只有自己创建优良的企业文化、管理机制，留人的同时也培养人。此时要克服的心理定势是：培养了人一走了之怎么办？怕培养人走掉，本身对企业的留人机制和文化建设就没底，也无从谈起对人才的吸引。从培训也是投资来看，是在人上投资，通过好的服务为企业带来收益和客户增值快呢，还是不停招人、因用人不当而影响服务质量耗费大呢？这时，领袖的个人魅力和团队的平台建设就体现了对人才的主要吸引力。

管理制度规范和福利保障也能为吸引管理人才提供基础。要想招到人才，就要知道自己需要什么样的人才，刘备有三顾茅庐请诸葛亮出山共创大业的礼贤下士之举，当然是我们经营者要学习的。美容业留不住人的主要问题是美容院老板普遍以为自己技高一筹，要招人也是许以高薪厚禄，不具备吸引高端人才的魅力。这是由于美容业低起步的行业现状从某种程度上影响了高素质人员的大批进入。造成了整个行业管理梯队不成形状，有头无尾，或无头无尾居多。缺乏规范管理的美容院很难吸引正规军进入。要想吸引高端人才进入美容行业，就要规范管理，提升行业素质，进而提升美容业经营者的素质，创造人才成长的绿洲。

有时特别的分红和持股计划也能留住管理人才。大部分老板都在采取骨干持股政策留人或招人。这时要注意的是，财务系统和管理系统是否健全。否则，在账目不能公开的前提下，持股和分红都令人不可信。

高薪也能令有些人才加盟。企业的发展如果能持续维持高薪而不感紧张，同时高薪人才带来的高贡献也能令投资者满意的话，那也是一种有力手段。

☞ **特别提示**：高薪只能吸引向钱看的人，只有共同的理想才能会聚共谋大业的贤才，只有坚实的管理平台才会给管理人才以用武之地。

☞ **不能犯的错误**：用施舍的态度招降纳叛，用考验和试用窃取自以为有用的管理文件，却不知道，对经营来说，重要的不是文件，最重要的资本是管理人才，优秀管理人才最重要的指标是德才兼备。

46. 美容院员工不服管理怎么办?

答:在美容院管理过程中,最常遇见的情形是中层干部缺乏管理经验,造成尽管人不错,技术也过硬,就是不能服众的结果。细细探究起来,这和美容院的特殊人员构成有关。绝大部分美容院都清一色是女性成员,造成阴柔有余阳刚不足的文化氛围。常言说"三个女人一台戏",女人多了,既有她温柔细致体贴周到的长处,也有重小事凭感觉、感性有余理性不足的特点。

如何在这样的环境中做好管理工作呢?

角色定位

如果我们天真地认为老板就代表制度,我们都是打工的,管理人员与员工站在一起,那任何制度都只是形同虚设,没有管理和正常发展的企业可不是每个人都想浪费时间在那里的。我们忽视和不负责任的结果等于砸自己的饭碗。想通了这一点,我们就可以认为企业的制度就是我们的救生设备,没有救生设备的船是没人敢上的。在这种前提下,作为管理人员就应该明了自己的责任,我们的职业生命是以制度的执行为前提的,没有纪律和制度,管理形同虚设,管理人员的价值和权威也不复存在。

身正言明

以身作则地维护制度。做一个管理人员,当然还要懂得管理方法和与人沟通的技巧,才能受人欢迎,决不能牺牲制度维护人情。当我们从行为到心理都混迹于普通员工,又想获得员工对权威的认同那是不可能的想法。可是,实际上,很多美容院的中层管理人员正是这样做的。当她们不得不执行制度时,她们通常说的一句话是:"我也没办法,公司这样规定的。"只一句话,就给了员工犯错误是值得同情的借口,这样也把自己从管理岗位上拉到了违反制度的位置。但事实上你是员工又是管理者，你依然得实施管理的职能。在摆脱职责的前提下，我们为自己设置了管理障碍。接下来我们就无法帮助员工进步，反而给员工提供了发牢骚的机会，充满了牢骚的公司不会给我们健康的感受。身正，自己以身作则，让员工心服，在业务服务技术方面成为员工的楷模；言明，规矩能写明，要求能说清，自然就能做到，自然就公平，之前不讲、之后抱怨或批评，都会影响权威。

树立权威

做管理工作者，为人很重要。我们都想让别人服气，那就得真正懂得权威和管理的意义。从行为和思想上帮助你的姐妹，带领她们在工作和学习中成长，而不是通过迁就她们的错误换得表面的感激，却以更多人的违规而否认你的管理才能。请记住管理的原则：公平的立场、公正的态度、专业的精神、无私的投入。这些是我们管理者的法宝。

☞ **特别提示**：真正的管理是艺术而不是技术。用心管理，才能服众。

☞ **不能犯的错误**：当员工的面评论老板、在老板面前讲员工的不可救药，两边附和。

47. 美容院的岗位工资和绩效工资的比例怎样设计？

答：在设计美容院的岗位工资和绩效工资之前，我们需要全面地了解薪酬设计的一些基本原理：薪酬本身是员工因为工作付出所获得的报酬。

它可以分为两部分，经济性报酬和非经济性报酬。经济性报酬包括基本薪酬、辅助薪酬、福利。非经济性报酬包括福利待遇方面体现的精神、心理与情感满足、工作环境和发展机会。

薪酬设计可以因为公司所在的行业和地域有所区别，但还是有原则可以遵循。它的基本原则有五点：

公平原则

对于员工不同工种不同能力有区别否？结合美容院具体实践，美容师、美容顾问、管理人员的工资怎样才能平衡？

竞争原则

和同行相比，薪资水平有没有竞争性？能否吸引到需要的人才？通常品牌越知名，相对薪资越偏低；越不知名，越需要高薪聘人。

激励原则

是干好干坏一个样，还是能通过业绩获得回报？这种标准能达到吗？还是大部分人都是平均数，缺乏竞争力？

经济原则

薪酬的支出是否符合公司的发展原则？有没有为公司发展预留空间？还是高工资高提成，已没有发展余地？

合法原则

工资的构成和支付是否符合国家法律？不要拒绝支付养老保险社保之类的福利薪资，缺乏福利薪资会带来不安定因素，福利能在合理的薪酬中充当稳定员工的重要角色。

根据工作性质不同，薪酬结构可以分为三种。第一种是工作导向的薪酬结构：以办公室文员为例，完成基本工作就行，比较稳定，侧重岗位要求的基本素质。第二种是技能导向的薪酬结构：特别看重美容师的手法和技巧。比如，加大美容师的基本工资部分以求稳定，美容师就不易流动；分级别上岗和考核，就容易把工资与进步水平挂钩。当然后面要求考核制度的支持，而不是感情判断。每一种产品和设备的引进都需要设计针对性的标准和考核挂钩，才可能正确评估员工的手法和技术；每一个月的服务与销售任务的目标才可能评估出每个员工的能力，薪酬的基础是考核是否具有明确的标准。否则无法有合理的薪酬结构。第三种是市场导向的薪酬结构：比如看重顾问的销售技巧，注重业绩，就可以在提成部分加大比例，鼓励多销售。但是，加大提成不等于一次性支付过高的现金，那样会增加企业的风险，促使员工产生一次性行为。在美容院的销售提成的支付上，尽管支付较大的比例可以促进销售，但在实际支付上还是需要分解成具体指标。比如销售提成和消耗提成的分解和提取时间、店长的总业绩额和顾问的业绩关系，还有美容师销售和顾问销售的交叉解决怎样才合理？

表 3-2 是销售导向的工资结构举例：

表 3-2　销售导向的工资结构

薪酬	基本工资	年资工资	调节工资	绩效工资	加班工资	福利津贴
构成比例	21%	5%	6%	66%	0%	2%

那么，我们再看下面七种工资结构的基本设计（见表 3-3）。它可以为我们确立不同岗位之间的工资构成比例，从稳定性和适用性的角度我们可以将美容院的岗位分为不同的侧重，分别按弹性、稳定、调和来设计。对重要的岗位，以稳定原则为重，加大基本工资比例；对不怕流动

表 3-3　七种工资结构的基本设计

构成	基本工资	绩效工资	附加工资	福利津贴	备注	适用性
1	100%	0	0	强制外为 0	高稳定	低
2	0	100%	0	强制外为 0	高弹性	低
2	50%	50%	0	强制外为 0	调和型	中
4	50%~100%	0%~50%	次要部分	次要部分	调和型	高
5	0%~50%	50%~100%	次要部分	次要部分	调和型	高
6	50%~100%	0%~50%	主要部分	次要部分	调和型	中
7	0%~50%	0%~50%	次要部分	主要部分	调和型	低

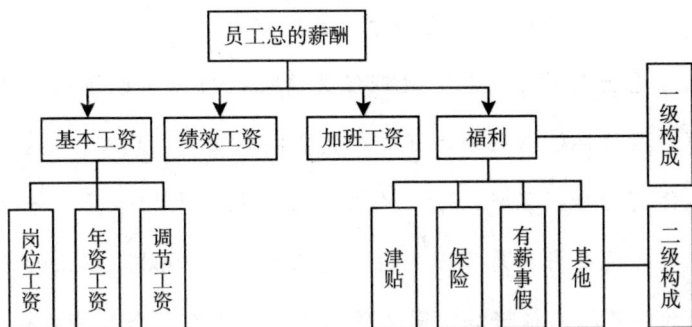

图 3-1　美容院员工总的薪酬

的岗位，绩效工资占绝大部分比例；对既想稳定又想创业绩的岗位，以调和原则为主。

从上面的探讨中可以发现，现在有的美容院的提成和基本工资的比例有问题。

工资不管什么岗位都以提成为主要构成部分，甚至有些美容院采取无底薪的薪酬制度，这就鼓励了临时心态，制造了不稳定因素。我们建议美容院的工资水准一要看当地工资水平，二要看岗位要求。服务性的技术岗位基本工资比例要高些，以稳定这部分技术骨干；销售前线的人员基本工资可以低些，提成可以适当高些，这样能激励销售业绩提高。办公人员的工资和一般行业水准差不多即可。虽说工资可以按基本工资+提成+福利+全勤奖来做，但是其中的侧重点应该不一样，应该在横向上建立同等岗位的不同职级，使老美容师中业绩优秀的员工可以通过晋级达到高收入，保持她们的稳定性。在纵向上，设计不同岗位的不同职等，实现按岗付酬，以实现员工的晋升和岗位变化带来的薪酬变动。否则，就会造成留不住人的暂时性薪酬体系，对发展不利。

☞ **特别提示：**工资制度轻易不应该改动，一动就要考虑后果。设计薪酬时忌讳一拍脑袋就做决定，老板要先考虑工资在经营投资中的百分比，仔细考虑企业长期发展和近期经营情况，当然这也涉及企业的文化导向问题，然后再根据利润比例决定奖金提成比例。现在我们犯的错误，是因为不懂得管理而设计工资，因此交出数额巨大的学费。一个普通的高中生在美容院每月凭着 8 万元的销售额拿到了 8000 元以上的工资，这是因为她的销售技巧很好吗？同样年龄的大学生在一个月销售额高达 500 万元的贸易公司工作，她的月收入才有 2500 元。在这样的情况下，美容院却还是留不住人。这种比较，说明了美容院的薪资设计有问题，老板缺乏管理经验，甚至还没有成本核算观念。相比之下，美容院因为管理不正规而交出的学费十分惊人。

☞ **不能犯的错误**：赠礼、打折、免费统统上，不停地用增加销售额和高提成来片面刺激业绩。看上去销售额很高，员工也拿得多。实际上，假如不消耗，三个月以后，我们的负债就很惊人。员工因为收入降低，会考虑去另外一家提成更高的美容院，更别提一味促销给客户带来的厌恶和反感了。

48. 美容院只有加薪才能留住优秀员工吗？

答：这要看我们如何界定优秀员工。优秀的员工是能够从工作中体验到责任和快乐的人，她们不会计较一时的得失，而关注公司的长远发展和个人的长期利益。关键是我们的美容院能否为员工创造一个良好发展的环境。

用我们的远大理想集聚优秀的人才。用明确向上的价值观创造一个良好的学习环境，能够让员工不断感受到自己的成长，能使所有人胸怀磊落，使人愉快的工作有时比金钱更为重要。这是一个行动的环境、快乐的环境，使年轻人的活力得以贡献给我们的企业，同时她们能以自己对客户和美容院的贡献为荣。

用事业的成长和回报给优秀人才一个成长的空间。用专业系统的管理使所有企业行为高效有序。相信钱不是唯一的标准。比起其他许多行业，美容院的工资并不低，但是依然还要靠金钱才能留人的做法是一种幼稚的管理表现。真正优秀的人员不会是仅仅为金钱才工作的。为了金钱而工作的人很少会享受到工作的快乐，只能成为金钱的奴隶。我们又如何喜欢一个只认钱不认人的员工呢？如果我们不喜欢，为什么又要靠金钱驱动来管理员工呢？这可能是在美容院的老板毫不知情之下犯的和打折一样的又一个方向性的错误。我们很少教员工人生的道理，只教会员工计算提成。人们内心的需求其实是十分接近的，我们都需要被承认、被关怀、被重视，而不是被放任不理，更不是在缺乏尊重的前提下，只为了金钱而活着。当管理的手段单一到只有金钱的奖与罚时，我们的导向性就会发生偏离，因为员工们在美容院的工作中看不到除了金钱以外，还有更高的荣耀，她又为什么不为了钱呢？用事业的成长和回报给优秀人才一个成长的空间，对员工更有吸引力。

☞ **特别提示**：金钱是重要的，它从物质层面上证明一个人服务社会的能力，但绝不是唯一的标准。我们要优秀人才的时候还要问自己：我拥有留住人才的平台吗？我有让优秀的人才施展本领的胸襟吗？我能辨别什么是我要用的人，什么是优秀人才吗？

☞ **不能犯的错误**：能赚钱的即是人才；听话而又能让客人喜欢的是优秀人才；不在自己店里的都是人才。

49. 为什么留住了人却留不住心？怎样调整员工的消极心态？

答：许多美容院的员工常说自己心态不好，动辄就以离开作为换一种心情的借口，或者跳槽，或者另立炉灶，以至于很多美容院老板不敢培训员工，怕白花钱。但根本原因不在员工，而在于我们老板本人，缺乏魅力，心态消极，缺乏制度化管理，经常让员工没有安全感。想让员工心情愉快有安全感，就要从规范管理入手，许多国企的制度完善，但是工资不高，可是很少有人愿意离开。想一想，我们能从中借鉴到什么？为什么我们花了比国企高不止两倍的工资，却还依然留不住人呢？因为我们的制度不完善，没有合理的薪酬设计，我们的工资构成就是让员工只有临时感。没有底薪，或低薪加提成，缺乏基本的福利保障，这种临时性的薪资构成在留人上不具备优势。当然这与美容业的行业特性有关，与起步基础有关，可是，这不会是我们不进步的理由。改变此种现状也要分两步走：一要建立符合企业发展的薪酬绩效体系，改变临时性小本经营的家庭模式；二是要树立和培养积极向上敬业爱岗的企业文化，这当然要从老板做起。

☞ **特别提示：**不要以为给员工工资越高员工就会越感恩，金钱导向的结果是越来越不满足的人心，给金钱不如给未来，付奖金不如教会员工真本事。

☞ **不能犯的错误：**用高薪作短期激励，用高提成刺激员工收入的预期。

50. 如何防止偷师人士进入美容院？

答：讲这个问题之前，我曾多次问过美容院的老板，为什么有时我们对客户的要求不那么敏感，而却对谁是同行一目了然？大家都笑了。大部分美容院防同行就像防贼，其实完全不必。我们不是大众服务机构吗？同行不也是以女性的客户身份来交钱享受我们的服务吗？为什么她们的钱就不能挣呢？至于偷师，我认为在美容院经营过程中没有什么直接的核心机密。仪器、产品、装修、宣传，怎么能瞒过同行的眼睛？与其把同行拒之门外，不如敞开大门和心扉，宰相肚里能撑船。我们如果有真正的竞争力，那也是我们每一个员工的服务具有不可替代的魅力，那也是绝对不能复制的。中国还有一句话，叫做"外行看热闹，内行看门道"。内行都来朝拜，说明我们真的做出了一点名堂。假如同行都不认可，或自以为不屑与同行为伍，那也成不了业内的"领头羊"。能不能享受自己真的被众人认可的现实，实际就可以用有没有同行参观来验证，希望我们的美容院都建成吸引同行的地方，那表明我们还有可以骄傲的本钱。

☞ **特别提示**：广交同业，诚信待人，不分彼此，真心分享，做企业和做人一样，要的是长远而不是眼前。有多大的心胸做多大的事业。

☞ **不能犯的错误**：势利眼，小心眼，唯我独大，老板的导向会影响员工看人待客，如排斥同行，无形中企业文化会变得小气，缺乏包容同业的心胸，将来会制约企业的发展。

51. 美容院如何从内部管理入手增加客户信任度？

答：可以通过客户细分，令每个客户都有专人服务和关注，从而知道客户的喜好和要求，令每个客户都认为自己是独特的，能让客户产生信赖。这点要向五星级酒店学习。好的五星级酒店，能叫出自己常客的名字并知道客人的喜好，从而提供个性化的服务。我们美容院的客户比起五星级酒店来说，人数少，更容易管理，但是我们服务的细致程度却做不到五星级的水平。看来空间很大。

从顾问推销入手，重点说明如何为顾客省钱，消除顾客的后顾之忧，并说明为顾客带来哪些具体优惠，通过经营服务为顾客提供什么样的方便，像免费停车、免费提供桑拿、水果、茶等。

可以通过服务产品设计为顾客带来额外的服务价值。对会员和非会员的不同服务能提高会员的满意度。像生日赠送，会员结婚纪念日的赠礼，免费双人项目服务，会员价和优惠，都能令会所会员感受到身价不菲的超值享受，对获得重点大客户的认同很有效。

在美容院的服务流程中，时时注意细节。美容师和顾问的对话，她们接待客人的眼神、语言是否充满热情，还是量体裁衣、看人下菜碟给人急功近利之感，有这些细节的要求才可以让顾客评估美容院的档次和水准。品牌即细节，掌握了细节就掌握了服务管理的水平。这些方面做得到位了，就能为顾客带来心理享受的满足，获得客户认同的可能就解决了一半，另一半就看服务技术和产品效果，加上美容师和顾问的人际沟通能力了。

☞ **特别提示**：*让客户认同是方方面面的事情，而不是只靠装修或只靠产品就能解决的，一个销售能手也解决不了顾客的长期认同。不要让每个美容师和顾问都可以向客户发短信问候和推销。没有经过设计的短信和推销只会打扰客户，令客户反感。服务是一个系统工程而不是一次举动。*

客户感受是通过细节积累起来的判断，不是一件礼物就可搞定那么简单。

☞ **不能犯的错误**：看局部不看全局，只认一人一事的具体方法，停留在点子时代，忘了美容院管理是个系统工程。决定客户感觉的是在美容院的全部时间内的个人感受，每一个客人都是有很高生活品味和个性的消费者，而不是任顾问花言巧语就能搞定的机器人。

52. 美容院的管理流程怎样做？

答：大部分美容院没有管理流程，有管理流程的美容院，更多的是关注扣分问题。实际上，美容院的管理流程应该以客户为中心进行设计，这样我们就能围绕客户是否满意来界定我们的工作要求。

图 3-2 至图 3-7 是我们在咨询中做出的美容院工作流程。

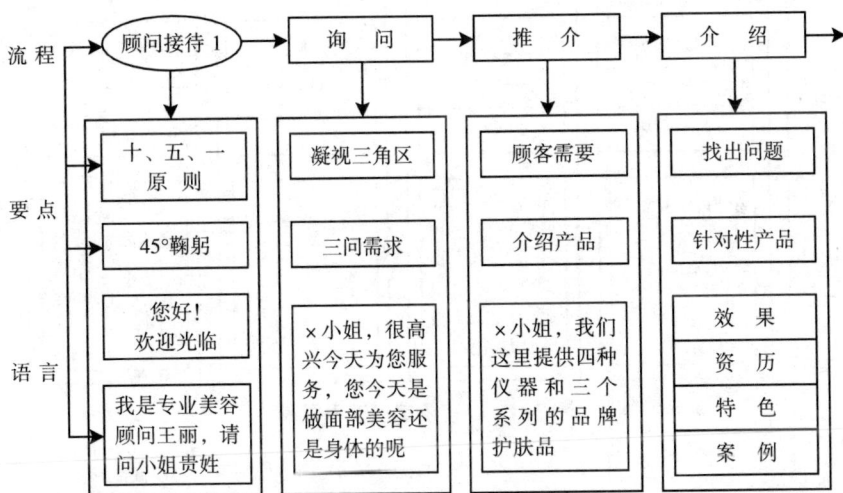

图 3-2 美容院工作流程图 1

流程	参 观	开 卡	确 认	收银找付 2
要点	专业风范	沉着促成	简化手续	×小姐，您的卡已经开好了，一共×××元。请问您是交现金还是刷卡呢
	热情	态度专注	确认项目	
语言	请跟我来，我带您参观一下我们会所的仪器和环境，相信您会满意的请	谢谢，我马上为您安排	小姐，这是您的会员档案，请在这里签名，谢谢	×小姐，收您××元，找您××元，请点一下。这是您的会员卡，您请收好，请跟我来

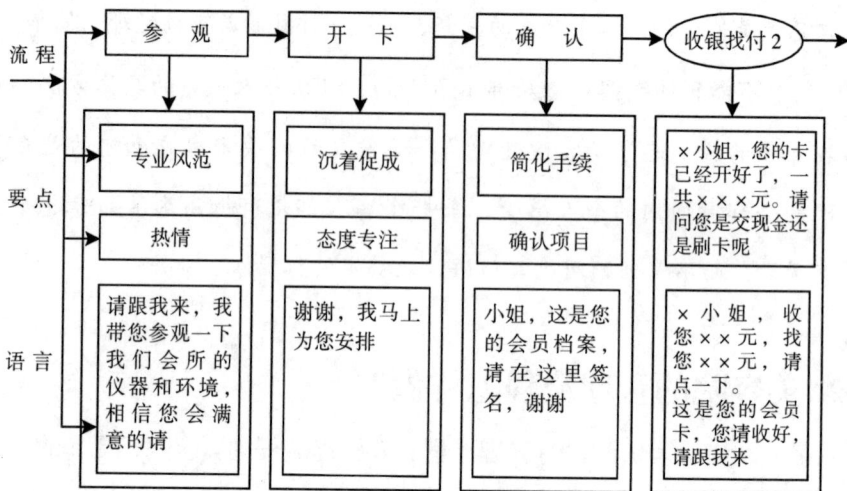

图 3-3　美容院工作流程图 2

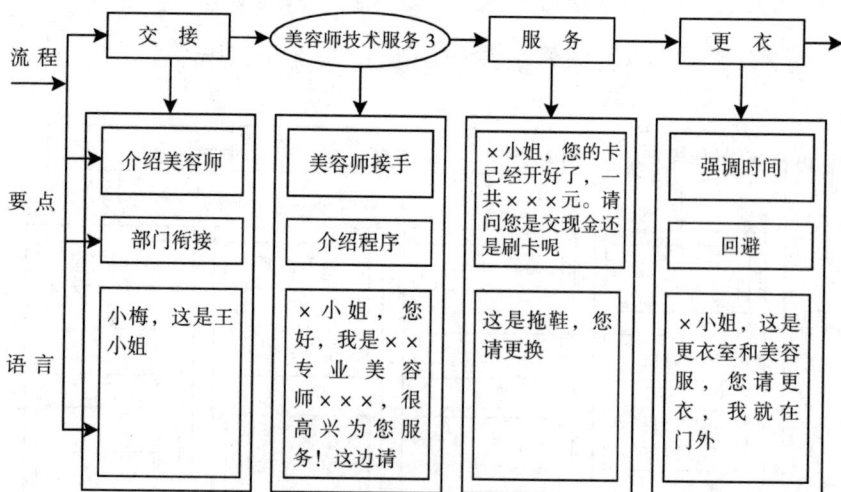

流程	交 接	美容师技术服务 3	服 务	更 衣
要点	介绍美容师	美容师接手	×小姐，您的卡已经开好了，一共×××元。请问您是交现金还是刷卡呢	强调时间
	部门衔接	介绍程序		回避
语言	小梅，这是王小姐	×小姐，您好，我是××专业美容师×××，很高兴为您服务！这边请	这是拖鞋，您请更换	×小姐，这是更衣室和美容服，您请更衣，我就在门外

图 3-4　美容院工作流程图 3

流程	冲凉	操作	洗头
要点	细心等候 内衣浴袍	介绍流程性能 声音轻柔	跟进服务 指点服务区
语言	×小姐,水温调好了,请您冲凉,我们的冲凉时间是10分钟,我去拿产品,您有什么需要,请随时叫我	×小姐,我叫××,我们现在开始洁面,这种洁面膏很温和……轻些还是重些(轻声询问)	×小姐,我为您梳头,您还需要补补妆吗

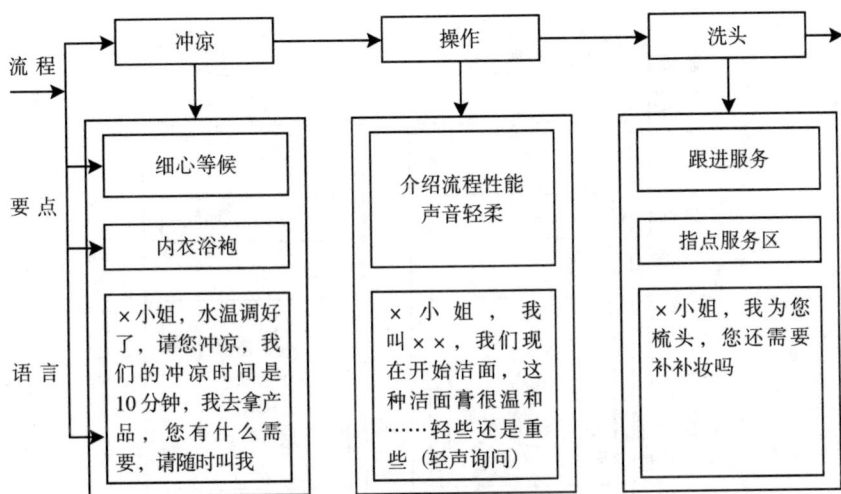

图 3-5　美容院工作流程图 4

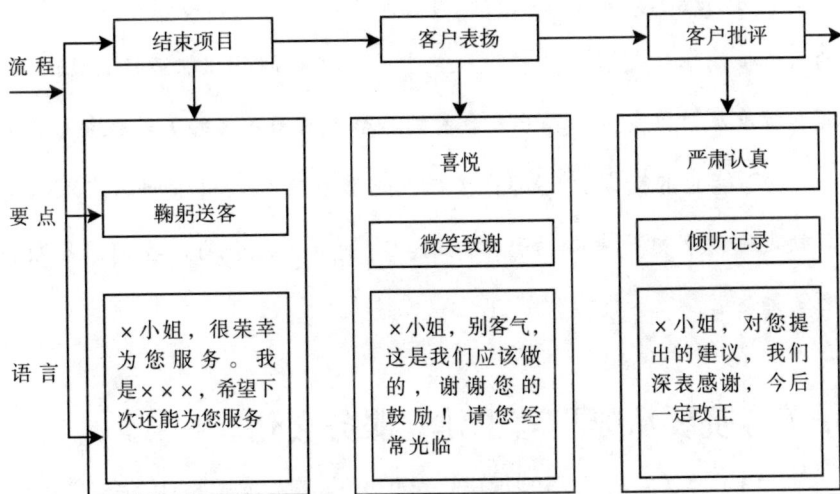

流程	结束项目	客户表扬	客户批评
要点	鞠躬送客	喜悦 微笑致谢	严肃认真 倾听记录
语言	×小姐,很荣幸为您服务。我是×××,希望下次还能为您服务	×小姐,别客气,这是我们应该做的,谢谢您的鼓励!请您经常光临	×小姐,对您提出的建议,我们深表感谢,今后一定改正

图 3-6　美容院工作流程图 5

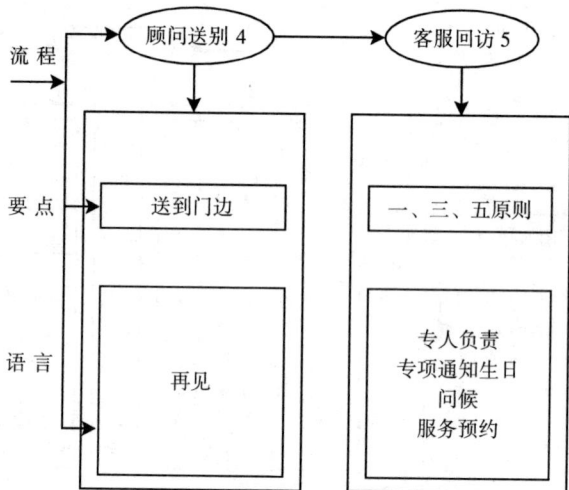

图 3–7　美容院工作流程图 6

☞ **特别提示**：靠习惯性的临时指派或约定俗成的习惯把工作交给信任的人，提高不了美容院的整体服务水平。只有每个人都清楚自己的工作内容和标准及对谁负责，客户才会看到一个专业而正规的美容服务机构。

☞ **不能犯的错误**：有罚款指标，无奖励项目。出了问题有人着急，但却缺乏围绕客户为中心的整体规划。有细节，无全局，各部门各顾客，缺乏统筹运营。

53. 美容院要从哪里着手建立服务文化?

答：（1）高级管理人员的承诺。老板要真正重视并身体力行，对客户是我们的上帝有切实的认同，这才会影响员工的行为和态度。

（2）全体人员的参与。不仅仅是前台对客户要热情，这种热情要包含在美容院的每一个工作环节中。在美容院，如果客人与保洁员在过道相遇，受过训练的保洁员会侧身避让，微微鞠躬，眼睛平视客户而不是躲闪，招呼道："您好！欢迎光临！"没有受过训练的保洁员会直接过去，或躲闪客人。

（3）系统制度的建立。没有制度要求的任何服务都只是随意性的发挥，这也就是中国式的餐馆和麦当劳的区别。美容院要对自己的服务做出一个标准，关涉到每一个岗位，每一个人员，一个也不要拉下。

（4）客户数据的收集。我们有开业以来的全部客户资料吗？多长时间没有了解客户对我们服务的意见？由谁定期做这个工作？老板清楚自己的客人有哪些想法吗？

（5）从不间断的考核培训，即使建立了管理制度，也不要束之高阁，管理之所以有魅力，是因为她能够通过标准的建立和考核让员工充满紧迫感，永远充满未知。只有永不间断的学习和改善才有可能激励我们的员工成长，员工不断进步的表现才能让我们的客户感觉新鲜和满足。

（6）连续不断地改善服务。有一种机制和心态可以帮助我们不断改善我们的服务，提升我们的业绩指标。在突破中，所有员工都能够参与到这种改善中来，并对自己创造的奇迹充满自豪，这样我们就有可能建立起我们美容院的服务文化，而服务文化会令我们的服务越来越血肉丰满，使我们的员工和服务人员极具魅力。

院长管理班的课程结束后，学员都露出了自信的微笑

☞ **特别提示**：服务是一种无形的感觉，只有精通人性的人，才能掌握服务的精髓；只有懂得用管理来建立标准的人，才能在无形的服务中创造有形的价值。服务水平就是业绩达成的标准。业绩越高，服务越好。持续保持业绩增长，管理水平越高。这是互相证明的过程。

☞ **不能犯的错误**：只重视外在的训练，忽略了内心的修炼，优质的服务是内外兼修的结果。

54. 美容院要开会吗？早会该说些什么内容？

答：当然要开会。会议到目前为止，还是企业管理的一种不可替代的手段，没有会议就没有沟通，没有沟通的企业就没有正常的管理发展。美容院经常要开会也不现实，关键是不管会议形式如何，多长时间开一次，都要解决具体的问题。开会要解决的问题无非以下几种：制度宣传、员工奖惩、决策传达、问题通报、员工培训、促销落实、业绩落实、客户管理。

建议美容院将会议种类控制在三种：早会、月工作会议、年度总结会。

早会为最常见的例会，由店长或顾问部主管或美容部主管轮流主持，参加者为现场员工。内容以问题解决、情况沟通、文件传达、士气鼓舞为重点。要形成规律，而不是开成八股会。不能流于形式，要真正对士气激励起作用。不能在早会上过多批评，免得一天的服务质量打折扣。在早会上要公开表扬有进步和成绩的员工，有时候一段幽默的笑话比一篇官样文章更能激励员工，这是我们在开会时要学习的技巧。一段手语歌，也能让员工心情开朗。形式可以多样，内容不拘一格，时间宜短，达到效果就好。最好在早会上提示员工业绩的分解和可能的意向客户在哪里，帮助员工分析问题，或者检查过去一天的服务和销售问题，供大家找到最好的解决方法。让每个员工说出自己的工作重点和业绩目标是最重要的内容，店长的具体辅导才有了着落，每个员工在报出自己的成果和目标时才有了比较和竞争。

利用月度总结会，布置公司下个月的业绩指标，检查上个月的完成情况，或传达公司发展动态，或讨论公司的重大问题等。由总经理或店长主持，参加者为公司中层以上的干部，关键是目标数字化，具体工作落实到人，工作检查落实到时间。这样会议才会有效。当然如果出一份会议纪要，督促每个人按时完成自己的工作会更好。

在年底，要召开全体员工大会，表彰一年来的先进员工和先进部门，总结一年来的公司发展，指出下一年度的公司发展目标，让大会成为一种激励和进取的动员会，也成为公司发展的里程碑。可以利用传统节日搞员工集会，休闲放松，创造一种开心的氛围，这对美容院尤为重要。因为女员工居多，不妨创造一种和其他单位联谊的机会，使员工对企业更热爱。只要有目标有技巧，我们完全可以使会议成为管理绩效提升的手段。

客户联谊会和厂家的会议营销也是常见的营销手段，和美容院的管理手段的会议有所不同。美容院利用店庆和年节进行主题联谊，用客户抽奖来回报客户，使客户在参与中获得满足，已经成为令客户接受的营销模式。但要注意避免程序化和固定化。一旦开会就卖卡，客户就再也不愿意参加会议了。其中会议主题是否鲜明，目的是否明确，客户是否满意非常重要。

☞**特别提示：**不能把开会做成模式，不要开成批判会和押单会，把气氛搞得令人难受。

☞**不能犯的错误**：从来不开会，只靠口头发布命令，或不出问题就不开会。

55. 美容院怎样开会才有效率？

答：有效的会议意味着：

（1）提出和解决问题。一会一议最好，同时要安排专人做出会议纪要。

（2）群策群力，共同参与，脑力激荡。参加会议的所有人要充分沟通、协商交流和碰撞。

（3）最后要做出结论并落实到人，给出完成任务的时限。

会议主持者要维护与会人员的自尊心，真诚地告诉她们哪些做得好，平衡下面提出的建议和意见。

诚实、具体，并且在提出意见时，提供几种可能的解决方案，否则，那将成为意见而不是一个好的建议。保证任何建议都是及时的，不要议论已经不可改变的事情，除非我们要总结其中的教训。

具有同情心，让参会人员知道你理解她们的感受。

不要对错误的事件和行为模棱两可，说话没有依据；不要口是心非，你认为某事没有做对却说做得不错；更不要你说的是"对"，可眼神里表现的却是"错"，常常猜测动机，而放弃了好的结果；或者只看好的或不好的行动却忽略了背后的影响；在探讨员工的不良行为时，不要用"总是"或"永远"这样的词，伤害员工的心。

好的会议主持者能够创造气氛，表现出对与会者的兴趣。同时察言观色、专心听讲。

注意不随意打断对方，避免独断。

真的遇有疑问，征求对方同意并适时提问。

注意提问的速度不要太快，免得带给发言者压力。

站在发言者的立场，用心体会并记下对方所谈的重点，尽量压抑批评的欲望，即使受到对方批评或攻击，仍要避免发怒。

我们要清楚开会的目的，是要解决问题。美容院是一个女孩子特别集中的地方，所以更加应该注重同事之间的沟通。

大部分人认为开会是因为有问题发生了，要开个会解决这个问题。而且，开会的时候会针对犯错的那个人所做错的事情一遍一遍地重复，令当事人痛苦难堪。其实，这样并不能解决真正的问题，而是大大地打击了当事人的自信心，同样的错误还会再次发生。

☞ **特别提示**：会议不是"一言堂"，会议不是讨论，会议是决定做什么？谁来做？什么时间完成？好的会议是会而有议，议而有决，决而有行，行而有果。

☞ **不能犯的错误**：为批评而开会，为生气而开会，不出事不开会，为开会而开会。

56. 美容院采用什么样的价格体系最为有效？

答：价格是价值的体现。疗程是疗效的保证。符合客户支付能力及意愿的价格体系就是有效的。我们知道，没有一种价格能保证让所有客户满意。因为店的规模不同，吸引的客户层次就有区别。会所就会以高档装修和高端仪器吸引高端客户，价位会根据所用的进口产品稍高出其他美容院，而许多客人会为环境和优质服务支付金钱。从这种意义上说，小美容院会在装修和设备等方面上不如大型会所，它却会在亲切服务等方面上胜人一筹，它的低价有时也吸引了一部分消费者。

50~100 元/次能接受者占 39%　　　50 元以内/次能接受者占 32%

100~150 元/次能
接受者占 18%

150~300 元/次能接受者占 8%

300~500 元/次能接受者占 2%

500 元以上/次能接受者占 1%

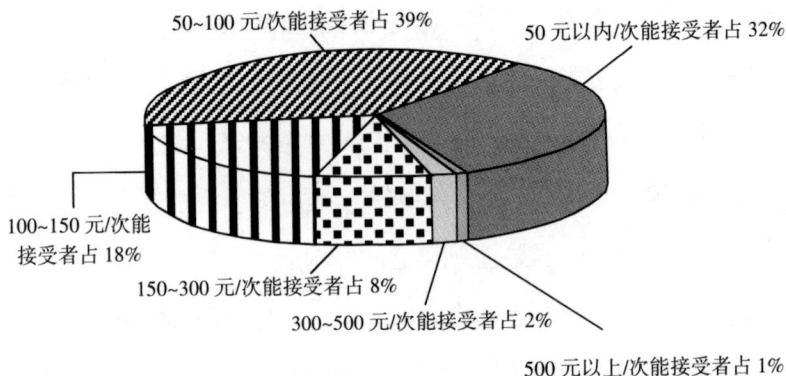

图 3-8　消费者对美容院价格的态度

　　总体来说，被你的特定客户认可的价格体系就是正确有效的，它建立在三大方面：

　　（1）命名定位和装修风格。从美容院的名字客户就可以给它一个价格预期了。"玫瑰 SPA 会馆"和"燕子美容院"之间关于价格的心理空间会超过 200 元。所以美容院，一定要注重命名策略。它基本决定装修风格和价格定位。

　　（2）明确主要客户成分。她们处于何种地区？区域消费能力水平如何？她们本身处于什么消费水准？需要什么样的服务？如果是年轻人，皮肤光滑，不需要用高价产品，只需要一般护理，价格就不宜高；是中年人，身心发福，脸上有皱，美容护理成为和自然做斗争的一部分，产品要突出功能，她们的经济能力也很强，价格就可以高；没有美容院可以不做客户定位就可以赚到所有人的钱。就看你用什么手段和服务抓住你的客人。

　　（3）产品设计和引进。一种产品卖三年后自然被客户厌倦，要换代或改名进行营销宣传，或在宣传上突出以前被忽略的成分和功效，忌讳新三年旧三年凑凑合合又三年。因为美容是一种时尚消费，旧的就是落伍的，没办法让客户多掏钱。只有品牌能拥有长期的客户，但是品牌推出新品的速度也令人望尘莫及。仪器也属于不断推出的令人眼花缭乱的新品种，可是除了花钱买仪器，我们必须知道客户会为此项目掏多少钱？怎样让客户一次性把钱给我们，而不是换掉我们选一个更便宜或更好的？

会员卡在这时充当了最好的产品设计，项目和疗程卡的设计也一样。美容院要学会的不仅仅是引进产品，还要学会设计服务产品，服务产品顾名思义就是以体现不同服务为主的产品。会员卡、疗程卡、项目卡、试做卡、产品卡成了美容院销售的重要内容。如何使产品设计体现不同功能，满足不同客户的不同需要同时又保证客户的利益和需求及我们的利润线，是每个美容院产品规划的重中之重。只有这样才能使服务增值。否则，我们的产品越来越低的价格，将令我们无法支付人工和所有费用。这部分的详细内容请参见我的另一本专著《金牌美容顾问销售实战教程》。

☞ **特别提示**：不能把所有人都当成自己的客户，只有一部分喜欢我们服务的人才是我们的核心客户。她们能承受的价格，也是我们定价的核心。价格体系一旦制定就要保持一段时间的稳定，促销产品的价格应有综合性设计，在促销时，要充分考虑目的性，而不是打折等于促销。如果新产品面市就打折，很可能损失掉利润空间，伤害原有的价格体系。

☞ **不能犯的错误**：月月打折，进新产品打折，过节打折，店庆打折。似乎我们的利润太高，不打折不足以证明诚信似的。而一旦打折后想再提价，那将难上加难。于是我们的经营陷于一种自杀式的怪圈，越打折客户越少，越降价客户越止步不前。

57. 美容院的技术标准怎么定?

答:许多美容院有自己的标准,来源于厂家培训,或老板自己的经验,也有的美容院没有统一的手法,凭美容师自己发挥。这可能使个人留客能力提高,客户因为喜欢某个美容院的手法而留在美容院,此种技术依赖于美容师的手法,有风险,美容师一走,客人也走;靠产品厂家培训的手法,因为美容师的来源不同,又手法各异,统一吧,费时费力,不统一,客户遇到不同手法服务时就以为是偷工减料,还会投诉,从而影响美容院整体服务水准和美容院的专业形象。我们建议:以一种标准手法为基础,制定美容院的统一手法标准。在所有美容师入职考级时,按统一标准参与考试。所谓统一标准应该包括,手指运动的方向、次数和时间,而不仅是"在脸上轻柔地画圈"那样简单。如果说画圈,也应该是"双手从下颚开始,由内及外轻柔画出三个圆圈,然后中指稍稍用力按压太阳穴"为止,并同时问客户:"请问,您喜欢轻些还是重些?"每个项目的时间都应该统一。否则,就会影响客户定位。无法统计出做客量,也无法做出床位贡献分析。这样的标准才能够让客户在接受我们的美容师服务时,感受到规范,也不容易让客户挑美容师的手艺。同时,对美容师来说,考核会很公平。而对管理培训来说,一次性制定标准,很累也很烦琐,但长期使用却节省了大量人力物力,关键是服务技术质量有了保证。

☞ **特别提示:** 在管理上对考核有要求,在操作上对手法有标准,在时间上对项目有规定,在客户上对效果有反馈,这才是我们专业化的基础。

☞ **不能犯的错误**：让所有产品厂家来免费培训，结果手法各异，无法统一。或只有笼统的标准，缺乏准确的描述也构不成标准。

58. 美容院建立良好的专业服务从何处入手？

答：首先，我们要了解美容服务的内容，它与有形的产品的最大的区别是无形的感受。服务受各种各样的因素影响，可以产生不同的差异。

◆同样文化背景但个人观点、角度不同的影响。

◆同一客户，不同的时间、地点，不同心情的影响。

◆不同的文化、背景、地区、社会的影响。

◆个人不同的经验与知识程度的影响，这些影响使服务成为主观的，对服务好坏的感受由接受服务的个人的期望而定。由此看来，专业的标准是因人而异的个性化服务，我们只有做到了服务的个性化才有可能达到专业化。但是我们可以找到改善服务质量的方法，以建立起一个标准，来衡量我们美容院的服务水平。

（1）从服务程序设计着手。看我们的服务是否以客户为先，还是只以自己方便为主。从冲凉房的设计到化妆间的位置，从会员的楼层高低到客户的停车位，这些都在我们考虑的范围之内。我们是否建立标准服务程序？是否每个人都十分清楚自己的服务标准。

（2）从客户心理满足着手。任何一句话、一种推销、一种赠送从客户角度会联想到什么？如果让客户来参加聚会就是向她们介绍新产品，恐怕客户会拒绝再参加此类活动。因为此时，她们会认为自己被当成潜在的客户被挖掘，而不是接受服务。

（3）从科技应用着手。推出的新仪器给客户带来什么？哪些人能提前享受这种仪器带来的好处？而不是一上场就全部打折！

（4）从人员素质着手。美容院的员工知道了自己的岗位要求还远远不够，我们的个性化服务就体现在每一个人是独特的个体，客户也是一个单独的有特殊要求的个体，是否具有修养和情商多高。能在任何时候都令客户满意，这要求美容院的员工有很高的个人素质，而这需要不断地学习和积累。

（5）从学习标杆着手。学习好的同行的先进经验，向酒店服务者学习，引进好的课程，全面培训员工的综合素质，以提高整个行业的人员素质，满足客户的需要。

（6）从企业文化着手。创建一流的企业文化，科学的而不是家庭的，开放的而不是封闭的。注重环境氛围的营造，在布局、颜色、灯光、动线所有方面考虑客户感受。

☞ **特别提示**：使服务简单化的人会失掉客户，把服务随意化的人会难以体现专业形象，把服务程序化、标准化会让我们学习专业服务。服务个性化会令我们鹤立鸡群。

☞ **不能犯的错误**：缺乏系统的服务文化，认为感情好就能让客户满意，价格低就能让客户买单，建立规矩太麻烦。

59. 美容院的服务质量靠什么保证？

答：美容院的服务质量靠一个运转有效的服务体系来保证，要靠每一个服务人员来保证。

美容院的顾客对服务质量的评价不仅受服务结果（技术效果）影响，也涉及服务的过程（过程质量）。

服务（过程）质量的五个因素：可感知性（Tangibles）、可靠性（Relia-

图3-9　美容院对客户服务的七个方面

bility）、反应性（Responsiveness）、保证性（Assurance）、移情性（Empa-thy）。在这五个因素当中，我们可以发现，美容院的每一个工作环节都可以拿来衡量我们对待服务过程的监控和操作是否到位，图 3-9 用美容院服务的七个方面围绕客户做了一个示意，请检查一下我们在这七个方面的客户服务有哪些地方没有明确？有哪些方面可以改进？

　　☞ **特别提示：**在服务过程中，对服务影响最大的因素是员工个人和客户关系。员工之间的关系也制约着客户服务的水平。比如提成限制了员工之间信息的充分沟通。财务方面的规定和要求如果不能解决这种竞争关系，服务就不能得到圆满的体现。无法为客户提供所要的服务是员工感到挫折的最大的原因，有时，管理层所定的规章条例往往局限了员工为客户的服务，并因而导致员工的不满，员工的工作能力（胜任感）对其对工作的满意度有很大的影响。这种传递信息的方式和结果也可能造成员工和公司的对立，从而影响到客户服务的质量，甚至造成负面影响；信息不对称或者为了立刻达成销售向客户隐瞒信息，都可以造成客户的不满，给客户极坏的感受。比如：一家美容院的顾问，为了促成客户开卡，告诉客户优惠已到了最后一天，而第二周，客户来到会所，发现优惠还照样，立刻感到自己受了欺骗，强烈要求退卡。这里不是客户不需要服务，而是在信息的传递上，服务人员的急功近利令服务成为个人牟利的手段，客户成了被诈取的对象，客户的感受空前糟糕。为了保证员工服务的优质，我们要了解这些问题：

（1）员工能替顾客提供所要服务的程度和权限。比如每时每刻保持微笑，每个新客户都有一支玫瑰赠送。前台人员能够做决定的权限，比如能够对一次付费超过 5000 元的客人赠送一次手蜡护理。

（2）要完成特定工作所需的培训。如礼仪训练、沟通技巧、人际关系、性格分析、客户服务、顾问销售、客户拓展、促销政策、产品设计、仪器培训、销售话术等。

（3）设计周到的客服支援系统。客户不仅仅集中在顾问手上，美容院要设有专门的服务人员针对客户做服务工作，并能够不涉及销售而体现专业服务品质。

（4）完成工作后的肯定与奖赏。员工的每一次服务创意都能被肯定与奖励，这就直接鼓励了服务和以客为先。

☞ **不能犯的错误**：制度与行为表现两张皮，苦着脸的员工送出一枝花给客户，效果好不到哪里去。管理者只做文件，不到现场，管理者的言行是两回事。

60. 在美容院经营中是观念重要还是技术重要？

答：在经营和服务当中，最重要的不是引进什么样的技术，而是用什么样的观念来服务客户和创造市场。你的观念决定你的管理和投资的方向，也决定你使用什么样的技术或利用什么样的技术来开拓市场，更决定你任用什么样的人来担任各种工作。比如，不敢冒险的求稳观念会使你认为什么技术都等成熟时再引进，而大家都使用时这种技术已失去了最大的市场利润空间。而自以为是的美容院经营者很有可能在不知不觉中落伍，等我们发觉客户已经到了旁边新开业的 1000 平方米的大店去时，再想挽回，恐怕很难了。观念决定技术，老板的观念决定美容院现在的经营和未来的发展。

☞ **特别提示：**不能把新技术和概念炒作当成最重要的经营内容，更不能以为高薪挖来的能人就能替代老板的决策。当老板不清楚经营方向时，再豪华的美容院也不过是商海中的"泰坦尼克号"。

☞ **不能犯的错误：**不停地去加盟技术或产品，指望用别人提供的万能方案挽救美容院的绩效，实际上，没有人能替我们决策，也没有人一下子令我们的所有客人满意。

朱俐安老师的经典案例讲解，深入人心

61. 咨询和培训能解决美容院的哪些问题？

答：培训能解决员工和管理人员的心态和认识等观念问题，也能解决手法统一话术规范、促销有序等技术问题，还能解决业绩指标落实和分解、达成方法和考核等行为的结果落实问题。

至于咨询，它能够帮助美容院理清战略定位和发展方向，并指出可能的结果，帮助客户做出正确选择和判断，但它不能替客户做出决定；它能够为客户提出可能的管理体系建设架构和文本，如何具体使用和落实还得看美容院的人员能力如何。它能够讲清楚所有方法和策略，具体执行中的结果却不能被保证。因为决定人和事是否成功的能动因素是决策者和执行者的判断力和行动力。

不少美容院缺乏最基础的管理体系，却想通过培训解决一切烦恼，这是由于不了解管理形成的简单化现象，我们也不停地看到不少咨询公司进入美容行业兵败而返的案例。这说明美容行业的管理者缺乏对咨询的认识。如果美容院缺乏管理人员，再好的咨询案也只能是漂亮的文件，并不能解决管理上的偏差。事实上，有很多美容院是在欺诈和投机心理指使下试图在咨询方面也来一下偷师，尽量学到东西又避免付款。因为咨询涉及的执行和系统性的工作，并不是需要管理整合的美容院能用文件来独立完成的。咨询只会提供专业建议，却不能取代管理决策。一个有"病"的企业，需要管理咨询专家看病、抓药，可是病人得吃药才有效。经常遇到的情形是，我没病，你替我吃好了，或者是，我有病才花钱找你，你要包治一切，但是，你要替我吃药，我很怕苦。这种观点和态度，使美容行业在缺乏管理和战略规划时，即使想获得专业的咨询支持也非常困难。除了信用和费用原因外，还因为咨询公司也挑客户。

于是，比起管理咨询和改善性的培训，相对容易的培训在美容业非常盛行。好的心态激励的课程上起来很过瘾，甚至造成了一种不上课员工就没劲的依赖效应。其实，让培训做到激励员工，从而改善服务心态，没有什么错误，关键是要设计合理。激励过后要教给员工工作的方法，教会员工如何工作，在方法上让员工学到东西，在教育中让员工明了未来，这比单纯的流泪感召更为有利。但是，这一定要以合理的制度设计为前提，否则，就会犯了本末倒置的错误。培训不能解决管理制度不合理引发的问题；培训也不能替老板实施管理。在良好的制度管理中，设计合理的培训会使业绩提高，会创造良好的服务氛围，会令员工敬业爱岗，会使员工通过自己的努力完善自己，使自己有益于自己服务的平台。

☞ **特别提示**：管理者自己要十分清楚美容院的问题，并明确解决之道。如果自己不行，就要有信任和判断的能力，更要有时间观念和决断力，这样为解决问题所做的选择才有价值。

☞ **不能犯的错误**：用顾问公司代理美容院管理，或以为顾问公司和培训能解决一切问题。

62. 美容院管理者怎样与员工沟通？

答：美容院员工女性多，这决定了管理者沟通的技巧一定得符合女性心理。直接和粗暴的语言会伤害员工的自尊心，过分亲密的关系又容易妨碍团队的管理。所以，美容院管理者一定要善于掌握方法，才能做好管理工作。

（1）用建议代替直言。当一个与自己一起应聘的人突然被任命为自己的主管时，员工的心态就非常脆弱，这时，我们会委婉地用建议代替直言，保持对员工的高度尊重，否则就会遇到挑衅和反抗。有这样一个例子，某美容院的主管想要美容师拿走放在前台的水杯，有两种不同的表达方式，我们可以明显看出其中的效果差别。

◆第一种方式：

主管："小利，快点拿走这杯水。"

美容师："谁搁的谁拿，关我何事？"

◆第二种方式：

主管："小利，麻烦您把这杯水端走好吗？"

美容师："好的。"

主管："谢谢！"

（2）用提问代替批评。

主管："我虽然才来了一个月，但是我注意到您已经连续迟到三次了，您知道迟到其他人会怎样看您吗？"

员工："知道，我不咋地。"

主管："知道就好，不管迟到有什么原因，我们都知道这种结果是扣分，对吗？相信你也不愿意迟到，对吗？"

员工："嗯！"

主管："相信你一定知道如何不再迟到？告诉我你打算怎么办？"

员工："我不会再迟到了，我会提前出发，避免高峰时塞车。"

主管："我相信你！如果从今天开始，你能保证连续一个月不再迟到，那我们将非常高兴。"

（3）让对方说出期望。

主管："晓月，能不能告诉我你为什么不开心？"

或者说："你最想在工作中学到什么。"

（4）诉求共同的利益。

主管："其实，美容师能让客户买产品，也能把客户留在我们店里，我们顾问还有机会做销售的。我们可以不在乎这一次的提成，但我们可以共同留住客户，客户越满意，我们赚钱的机会也越多，所以，阿红，大度一点了。"

（5）顾及别人的自尊。

说话不揭短，打人不打脸。不要当众过分批评员工，更不能当着客人的面批评犯错的员工，一对一的时候更容易说服对方，解决问题。

（6）用心倾听。

只顾自己讲，不在意员工的反应，久而久之，美容院只能听到一个声音，就是老板或经理的声音，员工会变得消沉。因为没有人认真倾听员工的心声，员工也就放弃了对公司的关心，好的管理者一定是好的倾听者。

☞ **特别提示**：站在员工的心理角度学习沟通，学习用员工能理解的方式与之沟通，一定会令管理事半功倍。

☞ **不能犯的错误**：粗暴管理，以权压人，以罚代管，向上告状。只看不管，做"老好人"。

63. 美容院管理沟通需注意什么？

答：在做美容院的管理工作时，要保持三心：知人之心，积极之心，自信之心。

知人之心：只有了解员工的特长才能正确使用员工的特长和能力，只有对人性有深刻的理解和把握才能使管理成为一门艺术。不同的人有不同的秉性，不能一视同仁，而要区别对待。管理者离员工很远或闭门不出，员工不犯错误看不到管理人员，犯了错误开罚单时管理人员才出现，而且不管三七二十一，"一刀切"，都容易使管理者失去威信。

积极之心：是让我们以积极的心态看待工作中的问题，对于员工的错误不能一棒子打死，对于低沉的士气和业绩要学会调整心态积极面对，否则，管理者的消极心态就会影响整个团队。管理者需要拥有向上的热情和积极的影响力才会对团队有所贡献。

自信之心：只有充分了解自己的长处和短处的人，才能够在工作中扬长避短，也才能做到用人之长补己之短。否则，就只会犯下目中无人的错误。在解决了观念和心态后，才可以出现正确的沟通方法。缺乏正确观念时，也意味着方法不当。

重要的事情用文字沟通，忌口头允诺。因为业务繁忙，计算繁复，管理者随口决定的赠送项目很可能在月尾无人记起，因为无凭据，所以要员工自己负担，容易伤害员工，口头请假也容易出现排班错误。所以我们建议管理者养成重要事项书面沟通的习惯。书面沟通也不需要长篇大论，只需掌握三要素——原因、建议、结果，包含了三要素的书面文件，就会免去许多猜疑和误会，一个正式的通知总比满天的猜疑要好得多。曾经有个美容院老板，跟公司中层讲要注意易耗品的节约问题。结果半个月后，她在自己美容院员工卫生间里找不到卫生纸，一问才知主管发了口头通知，说公司要员工自己带卫生纸上班，公司不在员工卫生间配卫生纸，老板哭笑不得，以后再不敢用口头发通知了。

☞ **特别提示**：学会用正式文件管理美容院，建立流程和级别观念。在这里，和大家共同分享一个小故事，这个故事源于一个活动：

有一个团队，共 7 个人，第一个人看到一个成语"虎头蛇尾"，她只能用肢体语言将这个成语表达给第二个组员（过程中不可以用任何有声语言），尽可能要自己的队友猜测到这个成语（此时，其他的队友都背对着大家）。然后，第二个人将自己看到第一个人表述的内容，同样只用肢体语言表示给第三个人。以此类推，直到最后一个队友。最后一个人将说出她看到的是什么成语或意思？请注意：答案出现了，第七个人犹豫了很久说："大概是'四只剪着妹妹头的猫'！"效果可想而知。

哄堂大笑之后，想和大家共同分享的是：在日常的工作和生活中，没有书面依据的"传言"只会使原本的意思变得离题万里！

☞ **不能犯的错误**：用自己的亲信发布消息，或传达心情，在问题和传言出现时，没有方法正面对待，一味让事情扩大。最后员工再加上自己的理解，容易出现重大失误。

64. 美容院管理沟通有哪些具体方法？

答：在和员工进行任何性质的沟通前，一定要遵守人性化原则，用员工能理解的方式和语言进行沟通。老板要从老板和员工的两个角度反复考虑问题，换成员工能理解的语言说话。

一个很正确的观点如果不能被员工理解，就有可能好心没好报。

对员工说话，首先要把话说对，合理才能表现公正的立场。其次，要用准词语，免得引起情绪反应。又要把话说好，又让人觉得顺耳，也就是要有情有理有据。

看下面的例子：员工小梅又迟到了。主管丽红开口就对小梅讲："小梅，说你多少次了，怎么天天迟到？"

小梅的反应："谁天天迟到了？你说话注意点！"

这样的开头没有建立管理权威，也没有达到解决小梅迟到问题的初衷，反而激化了两人的矛盾。美容院的许多管理者都是在表达上出现了情绪化语言才使管理沟通成为最大的困难。

我们建议，在与员工谈话之前，要先问自己一些问题。

自问前提：公司有这方面的制度吗？制度通知所有员工了吗？

明确目的：不是为了责备和惩罚，而是为了修正员工的行为，她接受了违规的现实，才有可能不再犯同样的错误。

我们与员工交谈的结果，是为了促使员工不断改善行为，使我们得以塑造更完美的企业工作环境，实现企业发展，也使个人价值升值。

解决方法：

（1）员工已经清楚地知道公司这方面的制度。

（2）告诉她问题的结果。

严肃地说："小梅，知道吗？由于你的迟到使已经定位的客人换人操作，客人不太满意。"

（3）让员工认识到错误："假如客人不满意会给美容院带来什么样的影响？"

"当然生意不会好。"

"你希望我们的生意越来越好吗？"

"当然了，其实我也不愿意迟到啊！"

"是啊，我也相信这一点。"

（4）共同探讨解决之道。

"小梅，我们看一下，以后你打算怎样避免迟到？"

"提前出发 10 分钟，就不怕塞车了。"

（5）肯定解决方案。

微笑着说："小梅，我相信你不会令我失望的。"

（6）笑着问员工。

"再迟到怎么办？"

"当然认罚。"

（7）最后告知你需执行制度。

"假如一个人违规不管，对其他人公平吗？"

"不公平。"

"那这次该怎样办？"

"按规定办吧。"

（8）根据员工下一段时间的表现，适时表扬："小梅，你还住得那样远，我却注意到你有一个月未迟到了，好样的！"

忌：①情绪化语言："谁像你呀，有本事不怕罚款。"

②亲者疏（需同等距离与员工接触，工作与生活要分开）。

③追问为什么迟到（员工总能找到迟到的借口）。

④站在和员工不平等的位置上看问题（因为你和员工是平等的，你和公司是一体的）。

☞ **特别提示**：因为是小事，所以不去得罪人，结果大事发生时，说话无人听。

☞ **不能犯的错误**：靠当众批评让犯错的员工下不来台，结果会适得其反。

65. 美容院怎样才能让管理人员不做"老好人"？

答：通常美容院的管理人员，都是同伴中比较优秀的女性，很有人缘。大家抬头不见低头见的，很多管理措施都难以执行，所以就有"老好人"的说法。其实呢，也有特别"可恶"的管理人员和"老好人"对应，让不让管理人员做"老好人"不是我们的目的，而是管理人员的管理水平是否能达到激励和管理的目的。如果一个平和的管理者很有人缘，却也达成了绩效，让所有员工都心服口服，那这种"老好人"是她的个人风格。如果一个严厉的管理者让员工工作不开心，优秀的员工感到压抑，非要辞职不可，这种严厉我们也不想要。要管理者不和稀泥，就要建立制度和规章，做事有章可循，有法可依，就有了考核的标准。否则巧妇也怕做无米之炊。怕的是没有标准，只有感觉，任什么人也难以做好管理工作。有了制度，还得有监控，管理人员的决定老板否掉，没出几次，也就失掉了管理人员的意义，因为老板不是天天在现场的，没有管理人员监控的制度等于废纸。

　　☞ **特别提示**：要信任管理人员，但是在这之前要教会管理人员在制度与技巧之中拿捏准确。很多时候，管理人员的技巧是千锤百炼培训出来的，没有天生的管理者。

　　☞ **不能犯的错误**：名不正则言不顺。既没有让人家管，又何必责怪人家含糊其辞呢？许多美容院不任命干部，只约定俗成地让人负责，这很难达到管理的目的，只能做到情感付出，那就有水分了。

66. 操作超时的美容师，受到客人的表扬，其态度又非常好，是否可以将功补过？

　　答：这个问题是这样产生的：某美容院的美容师，做客超时 15 分钟，按规定要扣分。可是同时客户又表扬了她的手法，按规定也要奖励。于是主管就很为难，问了这样一个问题。仔细研究，我发现，这种为难涉及美容院的奖罚制度。美容院在制定奖罚制度时，制度本身有问题。

比如某美容院美容师岗位扣分细则：

（1）当牌美容师未按规定端坐在前台的或姿态不正，扣 1~2 分。

（2）一个环节不按流程操作，每个环节扣 1~5 分。

在现实中就会出现问题。一是同等的错误，扣罚的标准不一，执行起来会很困难。二是即使同样的员工犯了同样的过失，管理者又会根据情况在扣罚上有浮动。这会让犯了过失的员工找到少罚或不罚的理由。也会给管理人员出难题，一样的结果为什么是不一样的标准？难道因为生病迟到和因为塞车迟到就会改变迟到的结果吗？因为标准不一，影响工作，处理不好影响军心，员工就会认为是管理人员不公平。有个美容院奖罚标准就是上面的样子，结果就出现了员工投诉。原因是一个美容师超时操作，本来应该按违规操作扣 5~8 分，可是，客人又表扬了这个美容师的手法和服务。按公司制度，客户表扬要奖励 1~9 分。结果管理人员认为，既然奖罚标准都在一定幅度之间，干脆不用罚了，将功抵过算了。结果另一个美容师认为不公平，我上次迟到还是因为公路塞车，我自己花钱打的不说，也被扣 5 分，为什么没给我照顾呢？所以管理制度既是一种标准也是一种员工面前人人平等的手段，要的是结果的公正，而不是追究原因再决定是否原谅这种错误。刚才的例子就应该该罚先罚，该奖就奖。而不应该奖罚合一。

我们同样以美容师岗位扣分标准举例：上述例子可以按统一标准扣一分。

（3）不按规定摆放仪器，未及时关闭仪器电源的，扣 2 分。

（4）不按规定操作仪器，如有损坏照价赔偿，另扣 5 分。

（5）在操作间声音过大，以致影响他人的，扣 2 分。

（6）在有客人时，与其他美容师聊天，双方各扣 2 分。

（7）在工作场所喧哗、接待私人朋友、吃东西、吵架、打架的，扣5分。

（8）顾客首饰如有遗失，美容师负全部责任，照原价赔偿，并扣5分。

这里我们要注意，有些时候，不是美容院的人员不懂管理，大部分情况下，是管理制度不完善或规定有问题造成操作难度大，以至于处罚成了管理人员的一时权衡，无法做到公平。记住一句话：制度面前人人平等，但是得建立白纸黑字的制度，否则，所谓管理就会变成口说无凭的随意表达，无法在美容院扩大时保持稳定，再换人时更难以维持。缺乏制度的管理如果做得还不错的话，大部分是由于管理人员的个人魅力，靠的是人治。这个人一离开，美容院队伍立刻就散乱无章。

☞ **特别提示**：现象的后面一定有原因，领导的任务就是发现别人没有发现的根本原因，从根本上解决问题，而不是像救火队那样，解决了一个问题又准备应付另一个新问题。

在解决了制度的合理性以后，对于执行制度的管理人员，又涉及一个管理的方法问题。没有天生的领导者，领导者是要求技巧和沟通能力的。很多美容院的管理人员人品非常好，就是沟通方法有问题，从而影响自己的工作效率和管理效果，而这是完全可以经过学习和训练达成的。

☞ **不能犯的错误**：用个人感觉代替管理，或者用本身有问题的制度进行管理，反过来却认为管理人员有问题。也有可能是老板发布的临时指挥违反了制度，造成了制度的不能执行。比如老板在新员工犯了错误时，为了爱惜员工，就发出一条指示：新员工可以犯一次，不用罚。结果你会发现新员工什么错误都会以第一次为借口摆脱惩罚，老员工会心生怨言——老不如新啊。领导要慎言。

第四章｜美容院的营销要点

67. 美容院如何设计令人信服的会员卡？

答：会员卡是会所销售的一种主要产品。它的设计原则在于卖感觉！举例来说，一个男人送给一个女人 100 元钱，不管男人的身份是局长还是书记，是小老板还是工人，都不重要。女人不管他是美男子还是演员，或者是老总还是首相，都不重要，关键在于金钱给她们的感觉是什么。我难道是这些金钱就可以收买的吗？而当我们把 100 元换成玫瑰，价格不变，价值却发生了转移，所有男人都会感到自己的玫瑰很美，我送的不是金钱，而是一片心意。所有的女人都会含羞地冥想其中的爱意。重要的不是你的物品卖多少钱，而是你卖的产品暗示了什么。人们会为自己的追求和感动花出金钱，却不会用钱买冰冷的数字或金钱的折扣。最高明的商业推销，都是唤起人们内心的渴望。假如美容院营造的感觉足以让最挑剔的女人动心，为什么我们的产品不能够唤起这种美感呢？

我们建议：美容院的会员卡就像送玫瑰的方式一样，我们可以用心创造出无数令女人倾心的感觉。皇后卡比 3000 元卡动听；明珠卡比起 1 万元来说，显得更为尊贵。不要小看名字，它决定了客户的心理导向。

会员设计的原则：

（1）体现价值而不是价格，用好听的理想的名字唤起客户的高贵美丽的联想。用赠送和额外的服务使客户有尊崇感。

（2）会员卡的最高价格应该是一种象征，体现我们服务的顶级水平。应该轻易没人买得起，这才是一种象征，而不是一开张就开出了五张卡，最高价应该高于我们客户的平均消费水平。

（3）会员卡的级别不宜太多，不要低于三种，也不要多于六种，这样介绍起来才有针对性。

（4）会员卡之间的价位应保持阶梯上升，拉大优惠的差距，体现会员制的意义。中间价的会员卡价格应该以主要客户的大部分能承受得起的价位推出，这样才能保证留住骨干客户。怎样了解客户可以承受什么样的会员价呢？将现有客户的单次价格花费按年统计，你的常年客户的基本花销水平就尽在掌握了，其平均数就是会员卡的价格标准，这样设计的会员卡自然符合客户的消费能力。否则，一下子制定较高的会员价格就会导致现有客户的流失。

（5）会员卡内的赠送项目设计原则：高价位的身体护理、手部护理，客户感兴趣的香熏项目、水疗项目、美体内衣、仪器护理等，都可以成为赠送项目的内容。卡额越高，赠送越大，折扣越低，以此保证会员的利益。至于会员卡和疗程卡及试做卡之间的关系设计请参看《金牌美容顾问销售实战教程》。

☞ **特别提示：** 从本质上说，会员卡只是美容院的一种经营产品，供顾问提供给我们的客户以被选择，但是它的设计却体现了经营者的导向和经验，会员卡后面是我们的服务价值，我们确实为我们的客户提供了一种超值的心理和身体的感受吗？否则，离开优秀的服务系统，任何会员卡的设计都会失去意义。

☞ **不能犯的错误**：不顾自己当地情况和美容院规模，照搬别人的设计和宣传，把会员制作成了一种庸俗的广告，却忽略了它后面的品质与高利润、高投入的现实。至于 280 元任做一年的虚假宣传那就是根本不懂产品和销售的关系了。

68. 美容院营销误区及解决对策是什么？

答：随着美容顾客的要求越来越高，美容院的经营已到了危急时刻，是在管理整合上提高素质适应日益增长的客户要求，还是靠以往的价格战、概念炒作换来流动消费？是所有美容院经营管理者做出思考的时候了。

目前，美容院因为缺乏经营目标和管理发展战略，已使自己陷入一种盲目追风的误区。这种盲目既代表了美容院管理者的素质参差不齐，也代表了美容院在广告方面缺乏有效的指导。

大致说来，通过广告反映出的美容院营销误区从四方面可以看到：

（1）缺乏战略定位。没有解决客户对象，只知道进门是客，却不知道自己的核心客户在哪里，难免客来客去，最终都是流水客，从来没有忠诚客户留下。

具体表现有以下四点：第一，在广告上常年打折促销，低价诱客；不打折不打广告。好像满世界都是贪便宜的人。难以见到系统的品牌广告战略。通常广告都在很低的版面、很花哨的位置，在很具体的项目诉求上使自己的形象偏于廉价。第二，对自己的客户群没有做过具体分析。从来没有建立客户档案，只凭面孔记人，等意识到客户好久没来时，客户早已流失，成了别人的座上宾；只对新客户笑脸相迎，因为美容师或顾问可以拿到提成，老客人却感受不到被尊重，于是，慢慢消费完卡内金额后离开；不对客户作分析，就听信某一位客户的意见，否定自己。或改变产品，或降低价格，或大举装修。第三，在缺乏分析的基础上，所有决策都有可能失误，因为完全不同的客人在要求上是有很大不同的。挑剔的客人也许只代表了个人观点，要是她是一个新客户，只凭感觉就开始提要求，往往会令有些美容院院长做出错误判断。只听了一个特殊客人的投诉，就改变了长久的经营风格或经营方式，令主要的客户不舒服或不认同从而离开，客户分类不明导致在客户管理上缺乏针对性，造成的盲目反应，会使投资和决策变得任意。第四，缺乏基于业务目标实现的年度营销规划。随意性太强。使自然节庆成为广告打折的由头。养成广告等于打折、促销等于送礼的习惯。

解决办法：明确自己的客户类型，建立满足客户的营销广告语。常年坚持，坚决令客户记住。清晰的定位会成为有效的卖点，使我们从一堆同行中脱颖而出，也令客户牢记不忘。

（2）特长定位不明。既讲自己是治斑专家，又讲自己是减肥高手，同时不忘自己还能纹唇、纹眉。最后，告诉客人，自己还能做形象设计。甚至还能做咨询服务。广泛的业务内容，都需要专业的定位，起码，不能在客户心里引发疑问。什么都行？我怎么能信？到医院看病，还得挂个专家号，才放心。凭什么顾客到了美容院，就会相信我们全都能行？这在经营特色和营销卖点上都缺乏准确定位。表现在经营当中，就是随风倒，什么流行卖什么，自己缺乏特色。严重些，在经营上都是朝令夕改，造成发展滞后。更有些人开着美容院又去开矿，开着矿呢，又炒房地产，最后，美容院越做越小，房子赚了钱回来投入到美容院。投机性的金钱导向对真正长久经营事业是有伤害性的。对经营者来说，当选择变得越来越多的时候，懂得放弃某些诱惑，坚持自己事业的选择，从而树立一种专业优势，并不断宣传这种优势，才会在美容客户心中占据一个重要的位置，也才能够快速健康地发展。

解决办法：找出长年跟随自己的忠诚顾客，为她们建立档案，专门管理，定期回访。通过她们的消费水平，找出我们美容院的定位，是高档客户，还是中档消费？是治疗取胜，还是会员服务？因为不同的对象有不同的要求，我们不可能同时满足所有人的要求，只能满足跟随我们的最主要的客户群。然后，通过她们所做的项目，找出我们的经营特点。是治斑祛痘还是纹眼线纹唇？是丰胸还是瘦身？是大型美容美体会所，还是靠个性和特色取胜的中小型专业店？然后，广为宣传这种特点，在此基础上，为每一位客户提供最贴心的服务，留住老客户，比扩展新客户要省钱，也省力。与其打不见效的广告，不如通过给老客户优惠发展新客户。

（3）广告诉求不明。这种定位不明的错误反映在广告上，就是只知道自己开美容院，却不知道客人为什么选自己？一打广告，就直接用仪器或产品的名字作为自己的卖点，却闭口不提客户为什么要来店里做美容，客户对产品了解多少？对它的效果认可吗？比如，目前的"光子嫩肤，科技领先"就十分常见。广告出去后，高兴的是厂家，她们的机器有人宣传，不愁卖不掉。还有一个问题，是美容院都打光子嫩肤，客户只选最便宜的那个。结果，不打广告，没人知道，一打广告，电话倒是打进来了，都是同行，问从哪里进的货？多少钱？于是，在广告中，只见到各种美容院的价格大比拼，同行互相比广告，比版面。通过广告进门的客户不足 10%，就是进门成交量也低于 5%，有时常常是零。假如广告只卖概念的话，更是如此。在广告内容上，我们美容院老板要么自己决定广告内容，互相抄袭，最后只能用价格区分输赢；要么大杂烩，什么都说，客户看不懂。也有的不打不行，又不懂，只有交给广告业务员来代为设计，结果，形成了美容院广告无新意，客户不理，同行互抄的现象。

解决办法：请专业人士，做出全年广告策划及预算，看似费钱，实则省力。既可借脑生财，又可掌握全年广告支出。避免随时打广告，既不问收获，也不问费用，只是抱怨生意不好做。同时还可以从媒体处获得相当的广告优惠。广告一年打几次，花费多少，收益多少，每次解决什么问题，都要心中有数。然后，自己站在客户的角度，看一看广告内文设计，哪点吸引我？有没有夸大不实之词？有没有说了价格、忘了地点，讲了仪器、忘了效果，什么都说了、却不知道适应什么人？

（4）员工专业形象不明。美容院的从业者们，高中毕业的居多，老板又大多是白手起家，爱护员工，员工也和老板很有感情，和客户又十分熟悉。美容院像个大家庭，其乐融融。表现在语言上，家常话随和亲切；表现在行为上，都是家里人；表现在销售上，一味低价拉拢。只是像在家里一样的随意态度，难以树立专业权威，家常语言也不是专业用语，不会涉及效果，更不能触动客户的内心渴求。因为美容客户在美容院不但要求和家里不一样的尊贵感，还要求有很好的效果保证。这样才能让客户长远跟随我们。不看外面顾客的需要和变化，只一味亲和有余，却也暴露出专业度不足的先天劣势。

亲情服务的优势是可以保持一部分老客户的忠诚度，但在新客户的扩张上则明显后劲不足。重视亲情的特点，又决定了感情定价，不可能有高价位，只能越来越低，反而影响发展。一旦当地有才能和有决断的投资者进入这个领域，靠专业和优秀的管理会立即掌控当地最优质的高端客户群。那么，剩下的结果就是利润越来越薄，客户越来越少。

解决办法：树立专业形象，用专业语言和专业训练，提高员工素质，提升美容业的服务水平。据《美容时尚报》2002 年美容院消费者调查提供的数据，76% 的人希望美容院提升技术，67% 的人希望美容院提升服务水平，68% 的人希望美容院提高员工素质。可见靠亲情维系的客户还是低水平的服务，只有加上专业的美容专家的亲切服务，才能对客户有充分的吸引力。专业形象和专业素质的形成不是一日之功，也不可以凭空杜撰，得经过千锤百炼才能使我们成为业内专家。除了专业技术外，还得具备深厚的经验积累，才能成为客户信赖的专业人士。如果现有人员底子薄，赶紧加大引进高素质人才的步伐，否则，美容业的大浪淘沙也是不可抗拒的市场规律。

（5）创利功能模糊。有的美容院，前台卖产品，后面送美容，只收 10 元手工费。更有甚者，不但没有收 10 元钱的手工费，还免费送美容服务，这也反映出美容院的产品和经营服务定位不准的特点。究竟是靠美容专业人士的服务赚钱，还是靠美容产品的销售盈利？或是做美容产品生产厂商的售后服务机构？我们的利润在哪一块，有多少？不解决这个问题，在销售和美容服务上都将失去明显优势，因为对客户来说，买美容化妆产品，我们可以去专卖店，或百货公司或超市；做美容，我们要去专业美容院，免费的总不是最好的，或者压根儿就不会是好的，这在消费者心里已成为定势。如果有享受免费的客户，也绝不是支付能力很好的优质客户，反而有可能是很挑剔却没有多少购买力的低端客户。在一个有优秀消费人群作为支撑的美容业，女性的收入提高了，美容上的支出反而少了，这不合理。只能认定我们偏离了客户群，离开了准确的客户定位，只好自己在薄地上耕田，累死也没有多少收成，最后的结果就是经营难以为继。

解决办法：明确自己究竟在做什么？要么做销售产品的代理商，只要想尽办法做网络，提供好服务，依然会成为供应商和客户都喜欢的人。假如你的量足够大，还可以获得额外返利，依然可以成功。假如你只善于做美容服务，那就不要白送，把技术变成摇钱树，让客户认可你的美容技术，选对产品，做出效果，留住客户。要成就事业，最怕什么都做，又什么都不行，最后误了众生，也误了自己。

☞ **特别提示**：引进人才，抓住客户，抓准产品，做大影响，找准位置，千万不要眉毛胡子一把抓，却不知道应该抓什么。

☞ **不能犯的错误**：在追风中失去自我判断，在自大自满中失去发展机会。

69. 美容院如何选择推广媒体？

答：大部分美容院都在广告上有很多投入，但是很少有美容院请专业的市调顾问公司或广告公司帮助我们做出专业选择，究竟我们的广告费用投在哪里更有效呢？

表 4-1 是赢得客户的媒体手段分析。

表 4-1 美容院赢得客户的媒体手段

方式	优 点	缺 点	机 会
宣传单派送	大量、价廉、方便，只需等待反映	随意散发，损失较大，几乎无法跟踪处理，被抛弃量大	如果要使用此方式，应当重质量高于重数量，培训专人操作
电话	价廉，每次联系都可得到客户的反应，每天可进行多次联系	没有直观感觉，电话铃声意味着打扰，电话容易被推托	空间气氛相互感染，以最现代化的技术作为基础，采用易于理解的谈话方式，保持谈话主线
拜访	直接施以影响的机会，视觉接触可以进行时间最长的介绍	每次联系成本高，每天联系次数少，速度慢	掌握心理学法则，将客户利益放在谈话的中心，谈话须经"戏剧性"构思、编排

续表

方式	优点	缺点	机会
推荐	预先得到信任，成功机率高，费用损失小	不总是能达到预期效果，期望值很高	有目的的请求推荐，不应忘记感谢推荐人
中介	共同销售，个人销售能力的复制	中介的积极性下降快，过分依赖中介带来风险	用最佳辅助手段进行支持，与其保持紧密联系，多多给予认可
研讨会	有许多时间施加影响，良好地加强关系，对客户引导效果最佳	可能费用较高，会有报告水准不高的危险，保证出席费时费力	收费，对参加者进行很好的招待，制作简捷易懂的研讨会资料
活动	良好的表演创造良好形象，留下深刻长期的印象，提高参加者忠诚度	有引起嫉妒的危险，表演变为主要内容，准备费时费力，费用高	不单纯为表演而表演，表演须配合主题，应收费，让有决定权的人参加
DM内刊	能系统针对客户做宣传，内容全面，发放可选择，对在局部市场发展的美容院是合适的营销手段	需要一定费用请专业人员运作，设计和内容的结构要求较高，对发放的时间地方和收到内刊后的应答服务系统要求高	审美性、系统性、趣味性获得客户认同。能够获得客户电话反馈，能留住核心的品味客户，比报纸和电视广告节省费用效果更好
短信	有针对性内容设计群发，或个别发送，费用不高，效果很好	内容不恰当，客户反感的可能性增加；太频繁骚扰客户，无目的令客户厌烦	需设计好针对性内容才能带来客户的关注和正确的反馈
客户俱乐部	较高的对客户的了解程度，紧密的联系可使客户甚至在产生危机时仍有忠诚度，较好地挖掘客户潜力	有必要进行不断的招待，不能顺其自然，必须有资金补贴	选举客户顾问组，不断推出新节目，收取会费，按等级不同安排不同的活动及优惠
互联网	不断地展现良好的形象，基本上所有领域使用者都在增加	只有网页完美无缺，并时时更新，才具优势	很快地建立起感性认识，演示生动，对话方便，与客户靠近
宣传专栏	简短明了，目标明确	读者定位准确，内容具有针对性，熟悉媒体，要求较高	优美、流畅、简短的文章，对于熟悉、有兴趣者起到很好的提醒和要求作用
广告	方便但只有长期系统的广告宣传才有作用	很短暂，费用损失很高，而且由于要满足大多数读者反而缺乏针对性	富有生机，大胆出众，使用打折推广新项目方式，容易得到最快速的响应
电视	很适于最终用户，对客户影响潜移默化	昂贵，很高的播放损失，只有不断做广告时才能引起快速购买行为	多个频道重复出现，大胆、滑稽、奇特

☞ **特别提示：**任何广告和宣传都得有系统有效的经营与品牌定位宣传。打了广告后要做的不仅是接听电话，而是要统计电话和客户来源，

使自己的广告投放有效而且持之以恒，从而通过客户来源放弃不产生效果或效果不佳的媒体以节省费用。

广告投放前，内部项目流程和手法标准及销售话术培训要提前到位，通知要提前做好。

☞ **不能犯的错误**：无主题、无计划、无目的，老跟着别人打广告，打过节广告，有仪器进时才打广告却为厂家做了免费宣传，内部不清楚时就打广告，没有客户上门时才打广告。

70. 为什么美容院的广告吸引不来顾客？打了广告无效怎么办？

答：因为美容院的广告诉求、表达重点和客户的要求无关！

美容院的广告除了用习惯性打折来完成低价促销这个目的外，并不关心消费者或读者想什么。有这样一则广告，居然介绍了四种来自不同国家的仪器，带着图片和功能说明。那么，有哪个美容的女性客户会希望购买仪器呢？她们只会对效果感兴趣，对仪器兴趣不大。这样的广告没效果是正常的，就等于给仪器厂家做了免费广告。

另外，上了一个新项目，广告局限性就更明显，不是做仪器的科普宣传，就是打产品免费试做广告，似乎免费就能让客户信任，其实这恰恰向客户表明了广告主的不自信。不打折时不打广告，一打广告就是打折，且因为逢年过节广告必打折，这些已经成了有些美容院的习惯。结果，把一部分客户培养成了平常不消费、专等打折时买单的顾客。还有一种客户干脆不上门，结果，客户越不来就越打广告，又因为有广告就得有打折和优惠，现在已发展到"免费"的程度。客户该不来依然不来。那么，我们要问自己：声嘶力竭的打折和免费之后，要靠什么留住客户？

客户在享受打折或免费成为习惯以后，又凭什么再让她们认可正常的价格呢？

广告内容信息太杂或者根本没有目的。如果打了无效广告，就要检讨，分析自己为什么吸引不来客户？把自己当成客户试一试，研读一下我们自己的广告，或找外行的朋友看一下，她感兴趣吗？对广告内容我们感兴趣吗？如果不感兴趣，那原因是什么？

真正要解决广告的效果问题，还要请专业公司或专门广告人来帮助美容院策划全年品牌营销规划，并根据品牌规划来实施有目的的广告投放，不能靠自己头脑一热就花钱打无效广告。

有效营销要解决对象和效果问题。你的美容院的定位是什么？我们要通过什么途径传达美容院的定位让更多的人知道我们？如果要打广告，为什么打广告？目的是塑造品牌还是推出产品？是介绍仪器还是宣传效果？是回报客户还是扩大知名度？然后解决对象问题：是会员还是新客户？是白领还是公务员？是年轻人还是中年人？再者是诉求：是减肥还是瘦身？是祛斑还是去痘？还有时间问题，广告多长时间有效？如果真的要促销，也不是没有客人或缺少现金流时才做广告，而是为了满足客户的消费欲望。我们的广告做到这一点了吗？

☞ **特别提示**：广告目的要明确，广告内容要清晰，广告媒体要挑选，广告效果要评估，客户对象要清楚。不能委托别人代替自己花钱，更不能花了钱还不见效果。

☞ **不能犯的错误**：看见同行打广告就会跟上，不管自己美容院的员工明白与否，就已经让广告业务员为自己拟好了广告语，客户一打进咨询电话，前台就说不知道。没有内部沟通与规划的任意行为，只能让我们交学费。

71. 为什么美容院的打折广告是一种"自杀"行为？

答：现在的美容院，因为客户流失，正在用习惯性的广告促销"自杀"。在解决什么样的广告有效之前，我们需要先解决什么是促销？什么是营销？假如不搞清楚这一点，我们就会在投入无数金钱后，却越来越感到困惑。为什么越打广告客人越少？因为客人少，就要打更多的广告，而因为客人少，缺乏现金支持，广告的急功近利演变成为赤裸裸的打折，以前动辄近千元一次的护理项目甚至可以低至两折。而长期的低价格恰恰说明了低品质。在商业经营中，没有人会常年免费送人玫瑰，还喊着说："手留余香。"

如果在没有解决美容院定位问题以前，就只依赖打折广告吸引客户，只能是盲目的促销，这种促销的后果无异于自杀。因为越打折价格越低，当打折成为美容院的习惯时，所有的顾问服务都会偏离专业指导，而只是在用低价和赠送引诱客户消费，这样的经营只能是另一种投机行为的翻版。因为醉翁之意不在酒，美容院也并不在乎什么客人喜欢自己，只要每日有现金进账即可。其实，能够让客户凭广告进门的美容院，大都有一定规模，也具有一定实力。但是，如果要么不打广告要么打广告就是在做特价的话，是不会最终建立起消费者信任的品牌的，有人进门也只是短时效应而已。

如何使我们的广告有效？其实不仅仅是促销的问题！如果所有的美容客户都得靠促销的低价才上门，那可以认定我们的客户品质好不到哪里去。在美容院打广告之前，应该先解决的是自己的经营定位问题，即美容院在客户眼中是做什么的？在客户心中我的身份清晰吗？我们如果问中国人，王婆是干什么的？100%中国人会回答你：卖瓜的。王婆卖瓜，自卖自夸。多么准确的定位！可惜大部分人对此不知所措。我甚至觉得连中国移动这个我们很喜欢的品牌，以前在这方面也只是表现了一种服务态度——沟通从心开始，今年定位明确了——移动通信专家。现在更明确了——信息服务专家。联通、网通就得判断一下，自己在这个移动通信市场上该是什么最拿手呢？否则难免面目模糊，品牌危险随时可能降临。讲这个例子，无非是让我们美容院的老板，心里开心一下，既然那么大的品牌都有可能定位不准，何况我辈乎？但是在服务同质化越来越严重的今天，既然都叫美容院，那很难让客户做出明确的选择。你的目标定位越准，客户越明确我们的特长。比如，你叫三纹专家，客户就会在纹唇、纹眼线、纹眉毛时考虑找你；假如你自己定位为"医生开的美容院"，其专业定位也能让客户留神，特别能吸引那些要求高素质服务的客户。还有假如我们能瞄准客户定位，那也是一条道路。"女人四十一枝花，健康美白新爱佳。"这种定位要根据自己美容院的客户年龄、客户来源、客户要求、客户品位，从我们的特长、我们的优势等入手，抓住客户的心。也可以抽象表现一种品味，我的一个学员，自己温文尔雅，客户大多是知识分子，比较有文化，她的美容院名字中含有一个"盈"字，装修又极具中国古典文化的气韵，我们就用一句古诗定位："盈盈一水间，脉脉不得语。"极受客户喜欢。

解决了定位问题以后，才是用什么方法推出这种定位。当然我们认为，美容院最好的广告宣传员是美容客户，最有效的广告媒介就是客户的口碑。但是这不等于我们不打广告，而只是要探讨如何打广告，探讨什么样的广告才是最有价值的。不停地提示客户我们是干什么的，和同行有什么区别？有助于客户随时记住我们，并认为我们很有实力，是一种品牌的基础营销元素。占领客户的眼球和记忆，并不停地强化这种记忆，这是用营销手段解决顾客对我们的认知问题。

那么，促销又解决什么问题呢？促销解决阶段时间内特定产品的销售额和利润问题，或者阶段时间内的人流或消耗问题，或一定产品的知名度和试做量的问题，目的可以很多，但要求十分明确。大部分美容院在促销上都是驾轻就熟的，而且还用得很上瘾。可惜，大部分时候，由于过分关注促销带来的现金流，往往忽略了产品利润表现和美容院品牌的美誉度的营造。在服务表现、产品品质、顾问介绍、价格设定、环境装修等方面并不尽如人意。结果没能通过多种营销和品牌宣传在客户心中确立一种对品牌的忠诚度，相反，却让客户在各种广告中发现了不停地打折、减价、免费赠送、买2000送2000等损伤品牌的主题诉求。有些会所，更是在狂推会员制时，大幅打折，等客户成为会员后，因为不来消耗会员卡中的费用，结果，现金流依然有问题，此时用打折在报纸上促销，特价居然会比会员卡价格还低上几百元。久而久之，会员制成为空架子，客户只等过节美容院送礼和打折时才光顾，平常没人愿意把钱放在美容院；反过来，留不住客人，客人也在美容院互相之间的价格战中多了更多的选择，于是引发了更为严重的价格战，以至于没有一家美容院能够成为全国性的品牌。这与美容院的这种以促销代替经营的广告思路不无关系。

☞ **特别提示**：品牌营销是一种立体的战略表现，它和管理水平、员工服务、企业文化息息相关。并且在战略定位解决以后，想把这种定位发展成为一个品牌，还需要一个长期的维护，是一个系统工程，费时费心费力，然而，回报也是巨大的。品牌对客户的吸引力和对忠诚客户的长期消费都是十分明显的，在客户流失很快的美容业，想不被客户抛弃，打造品牌应该是被提到日程上来的重要问题之一。相比美容院的战略营销，促销只是一种手段和工具，不但要用，还要会用，否则会损害自己的企业形象。

☞ **不能犯的错误**：以为促销就是打折，以为打广告就是建立客户沟通的唯一手段；认为客户就是要贪便宜；或者把打折和广告做成了提升销售业绩的万能工具，却失去了起码的利润保证。打折和赠送广告如果成为业内宣传的习惯，只会削低业界的诚信度，人们会不知道产品与服务的价值底线在哪里，从而拒绝在其中消费。

我们要推荐的话是：价格是价值的体现，慎用免费和打折。

72. 买美容产品送免费美容，可以吗？

答：如果你是卖美容产品的就可以。美容院要解决的问题是为什么送美容？如果我们以向客户销售美容产品为主要盈利模式，可以把美容服务当做附加产品送给客户。假如我们的客户量和产品销量不足以让我们从收入中获得足够的利润，那又为什么要为产品送出我们的服务呢？我们的服务是要成本的，员工工资、场租，还有均摊的管理费用、仪器损耗等是要钱来付的。这种买产品送美容的模式适合产品厂家的连锁店，因为它的利润来源于大量的产品销售，美容服务只是它推销产品的促销手段，而大量的加盟店送美容服务，能成为吸引客户促进产品销售的一种手段。假如你的美容院是这类厂家的，那没什么；假如美容院是自己的，就要辨别风险。

而大部分美容院是靠自己的服务赚取客户的佣金，产品销售的额度不足以让自己赚取足够的利润，相反，免费送美容还会伤害美容院的定位，影响它的利润。因为，客户如果要买产品，任何地方都可以选择，特别是互联网上，化妆品的价格很透明，一味卖产品，价格高了，伤害客户的信任，价格低了，美容院不赚钱。搞清楚大部分客人都是因为享受美容院的服务而进入美容院，可以说这是我们唯一能胜过百货或化妆品专卖店的独特优势，把自己的独特优势变成了免费的赠送项目，我们又靠什么在市场立足呢？无形中，我们自己的美容院成了高投入的产品销售柜台。如果厂家的销售支持又不足以让我们获利的话，我们就是在无偿为厂家销售产品，这可是得不偿失的事情。

☞ **特别提示**：搞清楚自己美容院的特长，哪一块是自己的独特优势，我们是否使这块业务做成了别的美容院无法复制的优势？还是人云亦云，从不知道自己究竟靠什么赚钱？我们是靠美容师和顾问的服务赚钱？还是靠卖产品赚钱？角色定位要明确。

☞ **不能犯的错误**：什么都想卖，最后把自己做成了一个杂货店，甚至在免费送产品的流行中，失去了自己的理智，成为大品牌促销政策的牺牲品。

73. 美容院人员到街上派发宣传单有效吗？

答：大部分无效，个别还是有效的。通常美容院会为了节省成本费用引客户进门，采取印制宣传单的促销做法，在没有明确宣传对象和地点的情况下满大街派发宣传单。据观察，宣传单对两种人有效——闲人和同行。因为我们的客户不是流动人口，整天在大街上走动，爱美的女士逛街时也不会面对派单小姐露出笑脸，因为满世界的硬性派单对行人已经成为一种无理的骚扰。如果你印的宣传单纸质低劣，语言粗俗，只能带给客户厌恶的感觉，广告作用适得其反。但是，有时候，语言华美准确，印刷精美的广告为什么也会无效呢？派单广告的有效性不仅是由广告语的设计和印刷决定的，它的有效性很大程度取决于派单给客户的直接到达率。客户接到手里不算完成派单，因为她很可能来不及扔掉瞬间塞到她手里的单子，或不好意思拒绝，总之，大部分接单者会不看一眼地转身把单子扔掉，实际上还是毫无效果。

要想派单有效，一是在住宅小区内的美容院发给住户，所有派单人员还得彬彬有礼，如果能借用居民活动时搞美容咨询，最能让单张宣传有效；二是百货公司附近或百货公司店内的美容院，派人让集中购物的客人进店的努力也还是能见效的。现在无效的原因，据我考察，是派单员的素质低和缺乏专业训练，她们缺乏生气地站在那里，机械地发出手里的单子，或者急急跟在客户身后，硬性把单子塞给客户，都会带来客户的反感。如果能够彬彬有礼地邀请客户进店体验我们的美容技术，相信客户会在逛得很累时，乐于进店接受一下专业服务，总不至于让客户在不喜欢派单员的前提下，使派单失去意义。重要的不是送宣传单有没有效，而是由什么人派送，并且一定要在适当的地点送给适当的人。

让别人接受我们的宣传单之前，必须要她先接受我们的人。离开人的魅力，任何试图送达宣传单的行为都会被当成对客户的骚扰。送单人的表现决定客人对美容院的印象。一个优雅得体热情亲切的美容顾问会在派单时热情地介绍自己的美容院，说话时眼睛直接看着客人的双眼眉心处，然后才双手递上自己的宣传单，并说出欢迎进店体验的致辞。

☞ **特别提示：**送出多少宣传单并不重要，重要的是多少客户能真正知道宣传单的意义并因此来到店里。没有高素质的人在送单时宣传自己的产品和服务品质，只靠客户用手接住那张纸是没有用的。

☞ **不能犯的错误**：直接把单子向所有路过的女士手里塞，没微笑，少问候，只为发单数量而派送。甚至有的美容院为了让单子有效，居然把发单员的名字写在单子上。结果，有的发单员缠住客人时主要是介绍自己，更令客人厌烦。

74. 为什么有些美容院不做促销客户也会来？

答：一是把对客户的爱护和关怀做到了极致。当有些美容院的促销的主题是打折和降价时，卖 1000 送 1000 的广告充斥广告版面，只有同行关注，咨询电话很少。如果有咨询，上门率又极低。偶尔有人上门，顾问和前台又不专业，无法留住客户，结果只得再打广告，最后是恶性循环，越做促销客户越少。相反，有些美容院不打广告，默默无闻地做生意，却表现很好，对它的固定客户很有吸引力。没有做那种垃圾广告的美容院就在留客上下了大功夫，它把对客户的爱护和关怀做到了极致，使每

与学员分享自己的心得，是最能让朱俐安老师感到幸福的事

一个员工都把客户奉为上宾，把打广告的钱用来培训员工和给客户利益。这样的美容院有共同的特点——真诚低调、敬业诚信、老客户多、老客户介绍来的新客户多，以至于不打广告客户照样上门。如果说，没有明确价值主题和品牌定位的促销，越做客户越怀疑其中的诚信度。这种减价为主的促销对需要美容服务品质保证的客户不具备任何吸引力，对固定客户的吸引力也极低。于是，把主要精力放在给客户超值服务和细心体贴上的美容院，却实现了不用打广告客户也上门的目的。

按照一个人传播消息会令 250 个人知道来统计，如果我们把全部功夫放在留住老客户身上，讲诚信，讲服务，讲品质，经营会比做广告拉陌生客户上门更容易，效果也会更好。

二是通过服务和产品的效果解决了客户的基本问题。明确满足客户需要比天天打折更能令客户满意。满意的客户你不打广告她也来。她要花钱解决问题，而不是省钱贪便宜；她是为了留住美丽而不是听美容师的训导；她是为了放松花钱而不是为了礼物买单。

☞ **特别提示**：客户是我们的衣食父母，现在已经拥有的客户比从不知道我们的客户更有价值。不要去希求自己没有的东西，认为没有的永远胜于现有的。在美容院的经营中，现有的客户就是最为宝贵的资源。搞清楚客户为了什么进美容院比一味盲目作秀要重要百倍。

☞ **不能犯的错误**：放弃眼前的客户利益，永远希望从新进门的客户身上捞到最多的钱，有的地方甚至靠打手硬留下上门试做的客人的钱包，这无异于抢劫，离正经做生意和做人差得太远，靠欺骗只能维持一时。让一个客户一次性给我们 100 元就愤而离开，不如让客户信任我们，把一生的呵护交给我们，我们的收入有保证，她的美丽有保证。看长远比短视更容易让我们做正确的经营决策。

75. 为什么我们美容院的客户一直要求降价？为什么降价后客户也不回头？

答：事实上，不会所有客人都要求降价。

首先，我们要问自己，我知道我们美容院有多少客人吗？

我们知道其中哪些客人不满意吗？

其中又有哪些客人一直要求降价？

她们占我们美容院总体常客的百分之几？

这种要求降价的声音是客户直接的反映并有数据说明，还是美容院生意不好美容师和顾问要求降价？

因为有些时候，员工会认为低价才容易做生意。事实上，降了价，客户也不一定上门，因为，客户不是为了省钱才美容，她是为了美容才进美容院。这说明，如果客户对我们的服务不满意，就会表现出花钱不值的感受！即使你降了价，她依然不会满意。因为客户花钱，是要购买一种超出她心理预期的超值感觉，没有获得这种感觉的客户，就认为自己吃亏了。我们在客户流失时，要做的首要工作是问自己：什么样的客户要求降价？占我们客人总数的多少百分比？她们为什么不满意？是因为我们价格贵得离谱，还是有其他原因？

客户不满意的理由有很多，从服务手法到接待语言，从环境到温度，都有可能被客户挑剔。这些容易被我们了解，因为了解，也容易改进；大部分不能让客户满意的事实是由于接待人员专业能力缺乏，不问缘由就开始由低价招呼客户，结果客户在心中产生对美容院专业程度的怀疑，你说不清为什么贵就得降价。其实前台顾问就是做了让步，减了价，客户该不买还是不买，最终还不是价格的问题。五星级酒店再贵也有人住，饭店生意再不好，也有小店盈利。为什么？贵不是不买的理由。

我们的工作是找出我们的服务值钱的理由，我们能否创造一个为客户提供超值感受的服务平台，让客户心甘情愿地把钱交给我们。客户嫌贵的理由是我们的总体表现令她认为不值得付出那么多，更别提主要原因是我们的顾问缺乏专业说服力，不足以让客户对我们完全信任。

☞ **特别提示**：不要把一个客人的要求当成全部客人的问题。在任何问题出现时，不要靠主观下结论，要调查问题的根源，再有根据地解决问题。假如降价能解决一切问题，客人怎么会不来呢？美容院的经营者应该学会一种在问题解决之前的分析之道，让自己拥有一种洞察力，才不至于随着客人的意见跑，却最终无法解决问题。

☞ **不能犯的错误**：听风就是雨，不加分析地把所有问题简单化，结果令自己陷于越来越大、越来越多的问题之中。

76. 除了广告还有令客户信任而不断追随的创意吗？

答：广告从某种意义上讲，只会对信息感兴趣的一定客户有作用。因为美容客户的区域性，除非广告是长期的，否则，一两次广告没什么作用。而长期的广告，如果缺乏固定的主题也不会令客户产生追随感，因为不停变化的广告会令人眼花缭乱，只有准确的定位才会在顾客的心中产生记忆的提示作用。比如：一家美容院让不同的广告公司在不同的产品推出时用不同的创意打广告，对美容院来说，每次也许会有一两个咨询电话，但长期的形象推广就会很困难。所以，我们建议小美容院根据自己的定位打记忆广告，不断重复："祛斑专家——超过 5000 例的治愈经验。""女人四十一枝花，健康美白新爱佳。"诸如此类的广告语，加上一致的 CI 设计，创造出令人印象深刻的品牌效果，也会使我们的客户群产生准确的判断。

美容院的客户除了广告带来的随机性人群外，大部分来自固定客户的回头率，如何在激烈的竞争中留住自己的老客户，成为美容院经营的重点。于是，我们试图用许多免费的活动来引起客户的注意和感动，试图花一点小钱换来客户的青睐。但是，小客户贪便宜的天性会使这种立足回报的活动变得像施舍或卖不出去的赠送，而大客户对此不理不睬，根本上不足以打动人家。

那么，有没有一种创意，可以让我们抓住客户的心？只要我们把周年庆的活动由打折变为给客户一个庆典的理由，就会给寂寞和繁忙的女士们带来生机和活力。如果设计得体令人难忘，就会在半年内成为所有人津津乐道的话题，给高端客户一个荣耀，一个和心中瞩目的名人共进晚餐的机会，一个少数人参与的高级晚宴，诸如此类的活动旨在动情，留人留心。我们的客户真的不会放弃带来如此感觉的好机会，她心里认同了我们，才一定会成为我们美容院的追随者。真正高雅的深度创意才会在少数高端客户的心中得到认可，而 20% 的高端客户足以为我们产生 80% 以上的效益。

☞ **特别提示**：如果把不能产生效益的缺乏计划的宣传费用变为有计划、有目的的活动支出，会事半功倍的。与其送客户便宜，不如送客户一种尊贵。与其讨好所有人，不如只抓住特定一群人。

☞ **不能犯的错误**：试图让所有人说好，结果费力不讨好。活动和广告无重点对象，只有重点产品。

77. 如何通过参加展会活动建立口碑并实现销售？

答：准备充分，目的明确。

美容行业的会展比其他任何行业都多，这种方式极适合推销产品的化妆品厂家和推广连锁加盟的美容会所，因为所有与本行业相关的公司或个人都会在此活动。因此展览会所带来的成就正基于在很短的时间内会有很多有兴趣的人前来参观，而且都是真正的目标客户。

因此，我们必须对以下问题做好充分准备：

（1）快速建立联系，我们的宣传广告设计一定要醒目，在会场中要突出。提前和所有意向客户联系，以准备接洽。专门培训接待人员，让她们知道如何介绍公司和产品，如何在大量人群面前保持优雅的风度和问答的得体，她们能在最短时间内让客户明白她们的介绍吗？这些是前期准备的重点。

（2）充足的需求分析，不是到了现场才开始分析，而是入场之前就对自己的客户做好分析，准备好资料，并做好意向客户的跟进，准备在现场充分达成意向并签约。只有很少的客户会现场冲动达成交易。多数客户都是有备而来，看别人的成功很容易，其实，背后的准备才是最重要的。否则，没有经过训练的推销员，就会成为展会上的模特，不会解释，更不能回答问题，更别提能用优势介绍吸引客户了。而且，试图向所有人介绍也会令人疲劳不堪，选准对象才是最重要的功夫。

（3）引人入胜的短时间产品演示，可以利用现场演示来吸纳客户，并通过有吸引力的介绍，达成交易，还要注意赠品的数量和发放的方式。现在，我们在展会上看到的随手送出宣传单的做法，只为收垃圾的人提供了机会，几乎很少有人会仔细看硬塞到自己手里的宣传品。而在展会上任意发送赠品的方式，除了吸纳贪便宜的逛会者外，对客户很难产生吸引力。

（4）组织好会后跟进工作。现场收集的客户资料一定要有专人跟进，否则，热闹过后，一片荒凉。

☞ **特别提示**：专人负责，分工明确，准备好现场清单。谁订票、订房？谁做宣传资料？谁负责客户跟进？哪些是我们的目标客户？她们来了吗？知道我们在哪里吗？参加展会的目的和目标是什么？

☞ **不能犯的错误**：听说朋友去参加展会，订一张机票就飞去了，在别人的展位上聊聊天，逛逛街就回来了。自己参展，只带人，其他什么都没有准备，听别人推销热烈，现场冲动购买或加盟也是不能取得良好效果的。要么就是只靠宣传印刷品招商，人不起作用。

78. 美容院如何开展有效的促销活动？

答：首先，针对性要强，卖给什么人最重要！不是什么都卖，而是目标集中。

其次，目的是什么？要达到什么样的促销目标。

再次，准备要充分，系统准备如何？是否每一个员工都清楚这个活动，并能清楚地解释给所有客户？

最后，谁来策划与执行。借助什么媒体，什么时候讲？对什么人讲？讲什么？怎样讲？这是决定促销是否有效的关键。

但是我认为，在任何促销之前，更为重要的事情是，用什么方法让已知客户或预先瞄准的客户能够明白我们的促销内容，并按时来到现场参与我们的活动。这个问题不解决，所有促销只是一种撞大运的投机或赌博而已。假如你要在圣诞节搞一个客户联欢活动，首先要考虑吸引多少人？用什么方法？目的是回报老客户还是增加新客户？因为目的不同，我们采取的方法就可以不同。考虑到客户来的时间和准备情况，假如强调稳住客源，不使她们跑到隔壁新开张的那家美容院去，那么，可以在"十一"国庆节就开始我们的圣诞促销准备活动。在将近两个月内出入我们美容院的客人都将获得一张抽奖券，使她们能在圣诞节前光临我们的活动现场。人来了，活动就成功了一半，接下来，才是策划的功夫，而真正的成功永远和细节的完美有关系。

☞ **特别提示**：把过程和实际目的紧紧抓住，并为自己和员工定下指标，详细准备每一个细节，并列出促销清单。

请在促销活动中考虑对消费者是否采取以下促销方法：

（1）设计消费奖金。

（2）对消费者进行主题教育讲座。

（3）发放宣传资料给消费者。

（4）为消费者举办联谊会。

（5）为消费者进行实地表演。

（6）发给赠品或兑换券。

（7）向消费者提供新产品试做或试用。

（8）发给优惠券。

（9）现场请专家进行新仪器或新产品咨询业务。

我们可以根据地区城市客户的不同加以选择，目的是吸引客户，让客户难忘并开心，然后能够创造消费契机和目标业绩。

☞ **不能犯的错误**：没有营销与促销的完美配合，只是为了没有客户上门临时抱佛脚地打广告促销，或指望今天打广告所有客户都能看到后自动上门。

图 4-1 是为大家提供的一份促销计划流程图，供大家做促销时参考。

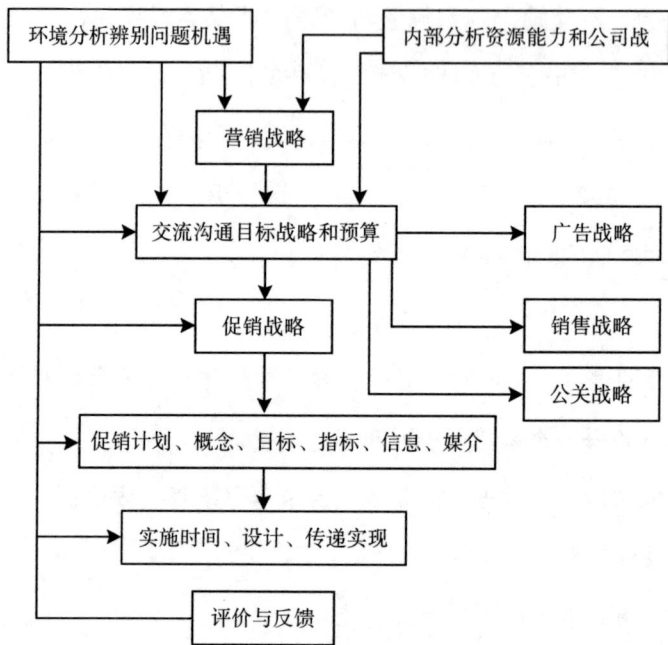

图 4-1　促销计划流程图

79. 美容院的销售障碍之一是什么?

答: 岗位分工不明带来的职能混乱。

在美容院的经营压力越来越大的时候，几乎所有美容院都在寻找和关注有销售能力的美容经理或美容顾问。有些小店，干脆就是靠老板娘亲自销售。发展好一些的店，从销售额上就可以看出一定拥有专业的前台销售人员。销售人员的能力决定了美容院销售力量的强弱，美容师的技术与服务决定了美容院的留客能力。现在，美容院最为关心的是前台一旦说服不了顾客，美容师的技术又怎么有机会发挥呢? 所以，我们和美容院的经营者一样，通常都把美容院的销售能力放在最重要的位置上。

解决美容院的销售额就不得不关心美容院的人员构成，通常前台销售人员有些是专职的，更多是兼职的。如果让美容师兼做产品销售，并作为业绩指标和工资收入的组成部分，我们大部分美容师会以销售为主，为了拿到最高的提成。这在客户心里将造成专业美容师定位模糊，美容院似乎是以销售产品为主、美容服务为辅的印象，导致留客能力减弱，如果这样，我们的美容院就可以定位为大品牌的服务店，从中赚取销售佣金。如果我们想靠美容服务赚取利润，专业的美容师服务就不应以产品销售为主，而应该以技术手法和服务态度赢得顾客，这里的利润空间才最大。有许多美容院的头牌美容师，大都说话不多、只做好手里的活，态度又极谦和，所以留客率很高。如果美容师只做客，我们就有必要设立专职顾问，来负责向顾客介绍产品和服务，以达到分工明确、服务专业的目的。

这里，设计专业顾问岗位和美容师不拿提成对新店容易，对已经让美容师通过销售拿提成的老店来说就比较困难。缺乏训练有素的顾问，美容师不拿提成工资下降，无法用手法和技术考核完成美容师的能力测评，所以大部分混杂销售的小店会在发展中遇到"瓶颈"，难以解决专业性问题。这就需要在规范管理的基础上调整岗位要求，在考核规范的基础上逐步安插顾问岗位，在专业培训的基础上提高顾问的销售能力，然后才能逐步实施顾问和美容师的专业分工。

☞ **特别提示**：美容院缺乏岗位要求和人员定位，特别是美容师定位不明，影响专业服务质量。

☞ **不能犯的错误**：美容师的工资比例中产品提成占的比重过大，促使美容师边做服务，边卖产品。立刻上顾问岗位，没有过渡和准备，带来人心浮动和业绩下降。

80. 美容院的销售障碍之二是什么？

答：专业顾问缺乏技巧和专业训练，存在心理障碍。

在美容业有一个非常奇怪的现象，就是很多美容院经理就是顾问，或有一两个家里人担任前台咨询。销售就是简单的聊天，亲和力越好，聊天的业绩就越好，没有亲和力，业绩就不好。而在大型专业的美容会所里，每班六七名的专职顾问，究竟谁更优秀呢？是什么影响她的业绩呢？我们惊奇地发现，就是家庭生活越好的美容顾问，销售收入越高，好像应了一句老话，越有钱就会钱越多。而仔细研究美容顾问的销售情况，我们又会发现，心理素质和对客户的了解决定美容顾问对客户的说服能力，缺乏训练的美容顾问，经常靠取悦来应酬顾客，同时又会根据自己的收入水平来推断客户的购买能力，如果再加上以貌取人的幼稚判断，大部分销售机会就无形中流失了，在实际过程中也不能解决顾客的问题，所以，一旦涉及销售，大多数情况会直接用低价招徕顾客，而不是专业说服。下面我们谈谈顾问的心理障碍问题。

顾问销售的心理障碍和自我设限表现在三个方面：

（1）客户只来看看，第一次不会成交。

（2）价钱太贵，只得靠打折和送礼。

（3）以试代卖，免费试做后再凭客户取舍。

对于一个专业的美容顾问来说，首先要了解客户需要什么，没有一个女人不想做美容却散步到了美容院。面对任何一个来到美容院却没有成交的客户，都要检讨我们的服务出了什么问题才没有让客户满意。而美容院前台销售人员最容易犯的错误是自己心里设限："她不会第一次就开卡的，她一定会先看看。"在这种心理条件下发生的接待只会围绕让客户检验我们的装修和参观我们的仪器，却避而不问客户的需要，或直接诱导客户谈感受。而客户却只想通过接待人员验证美容院是否专业，服务是否表现得令人信任，从而不要浪费自己的时间，尽快完成消费行为。在这样的差异中，我们会经常发现客户和顾问答非所问的对话，接待人员在极不专业的对谈中，已经埋下令客户失望的种子。

顾问：请问小姐贵姓？（要不要先自我介绍）

顾客：我姓林。

顾问：林小姐，您从哪里知道我们美容院的呢？（太生硬容易让顾客失去热情）

顾客：报纸上。

顾问：噢，您想了解哪方面的问题？

顾客：你们有哪些产品？（顾客怎么知道你们有哪些问题）

顾问：我们有日常护理，祛斑，瘦脸，瘦身产品，有四十多种。（需求不清，索性全介绍）

顾问：您看这是我们新进的日常护理产品，她很适合亚洲人的肌肤，保湿美白，您要不要试一试？（干脆直接推销）

顾客：这种产品适合我吗？（勉强应付）

顾问：您皮肤平时是不是很干燥，我刚才介绍的产品，不仅滋润皮肤并美白，效果挺不错的，那么今天先给您试做一次，体验一下效果行吗？（只要试了就有机会）

听不到客户的回答，只看见顾问的推荐，看不到价格与成交的行为，有许多美容院的顾问就是靠这种销售让客户离开的。而客户试一下的后果不外乎两种，碍于情面买单后离开，或干脆拒绝买单。顾问的自我心理设限会让我们失去良好的促销机会，从而放弃执著的专业服务特色，对提高销售额没有益处，同时反过来使顾问的为难情绪加大，似乎客户都成了探料的，就是不成交。

☞ **特别提示**：能说不如会听，与其会听，不如会问。专职顾问如果不专业，就会影响销售质量。

☞ **不能犯的错误**：以为能说就会销售，气势强就能压客。

81. 美容院的销售障碍之三是什么？

答：用价格代替销售。

关于价格，从来都是客户还没有问到，我们已开始介绍打折或推荐优惠产品，似乎客户就是贪便宜才来做美容的，而不是为了解决她的皮肤或身体问题才来找美容院的。

顾问："小姐，您是看广告来的吗？"

顾客："是的。"

顾问："那好啊，您今天第一次尝试做，我们会给您打五折，也就是原价 880 元，折扣后是 440 元。"

顾客："啊，这么贵啊？"

顾问："这样做肯定不划算，我建议您不如开个储值卡，这样折扣会更低些，还可以享受我们公司的很多优惠项目，您觉得怎么样呢？"

顾客："我觉得不怎么样。"

在客户的需求没有摸清的情况下直接打折和销售只会令客户警觉，从而捂紧自己的钱包。再送多少折扣和礼物都不能让客户心甘情愿地买单。

要想克服用折扣代替专业推介的销售障碍，在了解客户需求的基础上，还需要坚定的信念，就是客户不是为了省钱才来消费的，她最重要的心理需求是获得被重视的感觉，花钱买感觉才是效果之前的第一个问题。我们卖出了什么样的感觉给顾客呢？我们是根据自己的收入评估顾客的消费呢，还是根据顾客的感受和要求提供令她满意的超值服务呢？解决了这个问题，几乎就能排除顾问销售过程中的心理问题，从而提高我们前台的销售业绩。

☞ **特别提示**：对服务及产品的自信是征服客户的前提，学会专业的推销才是销售成功的保证。

☞ **不能犯的错误**：以自己的收入评估客户的消费能力，从为自己省钱的心理角度为客户着想。结果自设陷阱封闭了可能的销售通路。

82. 美容院的顾问业绩管理怎样做？

答：记住，美容院的顾问是帮助客户解决问题的专家，不是代表客户做出决定的人。

美容院的顾问需要创造一种气氛，鼓励客户做出自己的分析并提出问题，顾问可以为她提供建议。

美容院的顾问应该明确如何实现公司的使命和自己的目标。

美容顾问应该是沟通专家，能有效传达和听取每一个客户的意见，不管她是新客户还是老客户。

美容顾问要明白其他前台顾问成员的强项和弱项，并帮助提升她们的相关能力和技巧。

美容顾问要能够和美容师们一道使美容院的业绩任务和质量要求变得

明晰、可行和可以测量。

为了达成美容院的业绩，美容院的经营管理者应建立个人和团队的业绩评估标准，对团队的评估不能取代对个人的评估，个人既要评估自己的成果，也要评估自己的成果在集体成果中的效果。

比如：前台的销售任务是每月 40 万元，五名顾问每人月度任务就是 8 万元，每名顾问一天完成 3000 元的销售额就可以达成目标。然后我们可以探讨用什么方法达成目标。我们的产品设计能支持我们实现目标吗？我们的仪器和推出的新产品价格合理吗？新品推出时应该赚取的利润，是否被我们用优惠和试做浪费掉了，从而无助于业绩提升？在种种思考后，我们才能够建立清晰的顾问管理，在将前台顾问看成一个服务和销售团队的过程中，评估团队业绩和评估个人业绩对美容院同等重要，大部分美容院由于过分重视个人而使团队不存在。

培养团队意识要做到以下几点：

（1）团队的目标和方向对每个同伴都是清晰的，每个顾问都应该清楚这一点。

（2）团队成员参与评估标准的建立，每完成一个销售指标和消耗额度时，每个人的提成奖金是多少？公司的成本是多少？

（3）形成定期的评估计划，未达成的消耗额有多大风险？为此应该做些什么？

（4）这种业绩评估应在美容院经理或顾问部主管的主持下每月进行，小美容院也应该做目标定位与业绩评估，否则团队和个人都会缺乏目标和斗志。

☞ **特别提示**：把美容院的顾问当成高素质的客户管理者来看，把美容顾问看成是高素质的专家和销售高手才是未来发展的方向。

☞ **不能犯的错误**：因为收入低，不设顾问岗位，也缺乏专门的客户服务人员，美容师兼做顾问和技术操作，客户边做美容边接受推销，这会在一些美容院造就尖子员工和业绩高手。假如一个员工手里拥有一个店的 40% 的固定客户，就会产生危险，形成美容院对某些人员的依赖，其他人则会丧失干劲。

83. 美容顾问接待有哪十忌？

答：我走访美容院感受最深的是美容院接待人员急功近利的推销语言，急促而居高临下，让顾客心怀疑虑，担心自己是在接受目的明确的陷阱，恨不得立刻走开。

归纳起来，表现在接待上有这样一些不得不注意的问题。

第一忌

因为站着接待，仿佛居高临下，用眼神上下打量，评估客人是否有消费能力，立刻显出市井气从而削弱专业性。

第二忌

先发制人，不等客人开口，已让客人感到无话可说，什么都替客户说完了却问客户，我表现得怎么样，客户口中不会说却会心里抵触。如果因为某种原因，客户留下了，会丧失了深入挖掘可能的销售机会，因为客户避免再谈顾问感兴趣的问题。

第三忌

逼客户对自己的推荐表态，而客户并不认同，结果只能迎合客户。

第四忌

顾问眼睛斜视顾客，表现傲慢，令客户觉得不舒服。

第五忌

顾问不听客户的问题和诉说，一味自我推荐，反过来却埋怨客户有问题。

第六忌

推荐产品时如获得顾客认同，或老客户来接受服务，就省略产品和项目介绍，更为严重的是美容师还省略操作环节介绍。

第七忌

聊天时滔滔不绝，介绍产品和项目时一语代过，不能让客户有信任产生。

第八忌

客户提问时先反驳，再找理由，比如客户说服务太差了，为什么你们自己都不清楚搞促销的规定呢？"可是，我们今天才开始，还未来得及通知，您认为哪里差？"表现抵触而不道歉。

第九忌

站着推销遇到客户没什么反应时，再用倒水或让座试图挽回印象，但通常已经来不及。不如一见面即让座，先问候再倒水，然后再询问客户要求，这样更为合理。

第十忌

遇到客户沉默就不知如何是好，一味推荐新优惠，反倒令客户难以取舍。把握客户的沉默时机，给客户决定的时间，然后适当促成，不要害怕沉默。

☞ **特别提示**：美容院的顾问和前台就是美容院的门面和形象，服务和水平就体现在每一个人的服务细节当中。具体销售技能的系列培训请参见《美容顾问销售手册》。

☞ **不能犯的错误**：只懂推销和收钱，不清楚服务是为了让客户满意，只有客户满意才会付款。不看客户的反应只顾讲自己的要求。

84. 为什么美容院接待人员每天对客户说"欢迎光临"却没人理？

答：因为你发问时机不正确，她来不及反应。

美容院的头牌顾问会在早晨迎接宾客时发现一个奇怪的现象，你笑得非常甜蜜，话语也非常温柔："您好！欢迎光临。"可是，似乎我们美容院的客人都像约好了似的，集体变得没有修养，一概不理不睬，直接进入店里。顾问小跑着跟在身后，脸色已经不太好看，笑容也变得僵硬，没有回应的问候会带来自尊心的伤害。久而久之，美容顾问的接待变得程式化，反正你不理我，我也不必要虚假地对你，于是，大部分人将迎宾变成了形式。而我们去到五星级酒店，为什么人人又变得彬彬有礼了呢？

因为在五星级酒店的训练当中，有一个十、五、一原则。十是指离客人十步远时，要用目光凝视客人的双眼，发出第一声问候："您好！"接着微微鞠躬（客人这时已走到五步远处），发出第二声问候："欢迎光临！"此时，任何客人都正好走到你面前，来得及对你的问候发出回应："您好！谢谢！"任何时候，我们都要在第一时间内先开口问候客人，明了这一点，我们就会在任何时候换来客人文明的回应，从而让自己在日复一日的服务中体会到被重视的感觉。

☞ **特别提示：**任何文明礼仪都是高雅服务的必修课，修养来源于练习。不管是眼神还是站姿，更不要说手势和微笑了，离开这种形式的训练和要求，不可能存在最好的服务。在美容院的服务中，顾问的仪表和顾问的接待，形式和内容是不可分割的整体。

☞ **不能犯的错误**：客人走来时，眼睛不知看哪里，身体僵硬，微笑也不自然。客人快到时，通常人们习惯在五步远处，发出问候：您好，欢迎光临！客人听到时，恰好走过问候者身边，因为人对声音的反应要三秒钟，这三秒恰好是她走过去的时间，难怪她没礼貌，原来我们的问候来不及让她反应。大量地练习，会让我们成为彬彬有礼的顾问，重要的是通过练习掌握技巧。

85. 为什么不爱说话的美容师业绩反而好？

答：在大部分美容院让美容师兼做产品销售的时候，就会有这样的现象发生，那些不爱说话的很温和的美容师却最受客户欢迎，客人经常点名要她做美容。她的产品销售业绩不是最好，除非有客人主动要求购买产品，她通常并不主动推销。她在伙伴眼里，是个老实人，但是客户喜欢，为什么？因为她们的服务就是客户要的。安静、专注、有心，客户一切都接收得到。效果好而不令人讨厌。那么，我们把客户喜欢的美容师做一下描述，他们应该是这样的：

（1）具有丰富的专业知识。

（2）技术过硬，综合素质高。

（3）手法柔和娴熟，态度温和。

（4）有责任心，能为顾客着想。

（5）善于给予意见和提出建议。

（6）服务能持之以恒，精通业务。

（7）靠技术说话而不是靠能说会道的嘴。

（8）真诚、亲切、有亲和力、善解人意。

（9）衣饰整洁干净，注重自身保养。

我们如果能够做到这些，相信我们就能够成为令客人喜爱的美容师。

☞ **特别提示**：凡事由己推人，自己不喜欢的不推销给客户，客户不需要的话少说，不喜欢的事不做，一切从客户角度着想就是向优质服务的标准靠近了。

☞ **不能犯的错误**：总试图把自己喜欢的推给客户，忘了客户花钱是要实现她自己的愿望。想通过了解客户的愿望达成自己的提成，却忘记了客户不想在美容时被打搅。急于搞清客户为什么不听自己的，却不明白客户自己说了算，她没有义务必须听你的。特别是在花钱的问题上，客户有决定权。

86. 美容院的客户为什么会拒绝我们的推荐？

答：我们推荐的不是客户所要的。

在研究中我们发现，顾客经常对美容顾问的推销做出拒绝的表示。诸如：没时间，下次再说；没带钱；我懂产品；我考虑考虑。为什么会出现这些拒绝？销售之所以被拒绝，第一是因为美容顾问提的问题不是客户的需要，所以极易遭到客户的拒绝。大部分的拒绝首先是由于美容顾问直接销售带来的副作用。第二是由于顾客说出了自己的需要，顾问听不见，或听而不闻，一味表白自己的想法，也容易让客户反感。让我们看一下，美容顾问什么时候经常出现被拒绝的情形呢？

不知道客户要什么，就开始了推销：

顾问："小姐，我们的美白产品效果很好，来自法国，来我们店里的很多人都使用。想不想试一下？"

顾客："多少钱？"

顾问："385 元一次。"

顾客："太贵了。"

拒绝之理由"太贵了"。

顾问一张口就推价格，这就给了顾客讲价格贵的机会。但是顾客要做美容，并不是为了贪图便宜，而是寻求真正令她满意的护理产品或护理环境，不清楚这一点，就会犯错误，就会误以为客户主要是为了便宜才来做美容。假如客户不需要，再便宜的商品顾客也会嫌贵，假如真正符合顾客的需要，顾客会给你谈价的空间，而没有询问顾客需要的价格销售，会使许多顾客说"太贵了"，这只是出于一种习惯性的反应，并不存在她感兴趣听顾问继续销售的机会。她的真正想法是：你还不知我要不要你的东西就报价，是压根儿就不想理会我，那是你需要的，不是我需要的。我不想听下去了。反过来，假如一个顾问真正能令顾客感兴趣，顾客会主动谈出她的需要，顾问对顾客的提问真感兴趣，又给予了成功的解答，顾客才会想：不知道是否能把价格压下来或在其他地方能买到更便宜的。这里，先建立的是人际认同，后建立的是生意关系。假如不明白这一点，是做不好专业顾问的。

上面的例子，如果先问客户是否要做美白项目，得到肯定回答后再推美白产品，效果就会不一样。

顾问："请问王小姐，您对美白产品感兴趣还是对精油护理感兴趣?"

顾客："我想做一下美白护理，不知价格如何?"

顾问："我们的最低会员价是 65 元一次，同时我们的会员还享有多重优惠。"

顾客："会员和非会员价格差异大吗?"

顾问："有差异，我可否为您介绍一下我们的会员制?"

顾客:"可以。"

我们立刻可以通过交谈了解客户的需要,在了解她的需求的基础上,才能推荐客户需要的产品。

☞ **特别提示**:通过专业的有目的的询问,获得客户的认可。再通过针对客户需求的介绍给予客户准确的答案。

☞ **不能犯的错误**:只按自己的思路聊天,只聊产品或减价,听不到客户的问题和需要,或通过扩大问题打击客户的自信心,逼着让客户付款。

87. 美容院的顾问如何看待客户的拒绝?真正遇到拒绝时该如何做?

答:如果做陌生拜访或电话拜访,据统计,遭到拒绝的比率会高达 96%~98%,而在美容院,假如顾问足够专业的话,成交率会高达 60% 以上。现在的低成交率大部分原因是由于顾问导向错误带来的。在通过专业训练懂得如何接待客户和促成销售以后,是否就不会遇见客户的拒绝呢?答案是否定的。一个真正的顾问总是通过客户的拒绝培养起自己的自信的,所以不要怕客户拒绝我们,而要从客户的每一次拒绝中学到经验。

真正遭到了顾客的拒绝,心理上也不要背包袱,一定问自己客户为什么拒绝我?

(1)把客户的拒绝看做一个学习经验。为什么拒绝我?我是否在不知道她要什么时就已经开始了销售?

(2)看做改变方向所需的有效回馈。这个产品不是她的需要,那可不可以问下一个问题?我们总是能发现客户的需要,只要我们真正从心里关注客户的想法，就能把握每一次与客户打交道的机会。

（3）把这种交往看做练习技巧及完善自我的机会，我们才有可能在客户心中树立起权威和专业的形象。语言上，用完全体谅的语气拉近和客户的距离："我能理解您的感受，开始我跟您一样有这样的感觉。""您说得非常有道理。同时……""请问，您为什么会有这样的感觉呢？""这是很好的问题，感谢您能提出来……"

解决了专业技术不等于再也遇不到客户的拒绝，让我们通过例子来看一下顾客的决定过程：

顾客听了你的产品介绍，看了你做的产品展示，评估了你的产品价值及价格条件，同时考虑了自己的购买能力，做出了再考虑一下的决定。

俗话说"趁热打铁"，顾客表示要考虑一下，说明你的劝说仍有问题，顾客的购买欲望仍未达到最高点，顾客心中仍有疑虑。因此，你不能沉默，不能认为没有希望了，也不能轻易地告诉顾客"请多帮忙，我会等您做出决定"。

顾问："小姐，实在是对不起。"（顾客或许会吓一跳，转脸注视着顾问）

顾客："有什么对不起的啊？"

顾问："原谅我不太会讲话，一定是我刚才的介绍，使您有不明白的地方，不然您就不至于说'让我考虑一下'了，可不可以把您所要考虑的事情说给我听听，看我能否帮到您？"

必须像这样很认真地去说，此点很重要。做生意并非光是出售商品，而是要让顾客产生积极的购买欲望。换言之，就是要使顾客首先愿意聆听顾问的说明，愿意看看产品，并在认识其价值后，再思考自己的条件，以便做购买的决定。在这一过程中，美容顾问应注意看看顾客的回答有没有足够的热情，若是不够，顾问就应该站在顾客的立场上向她进言，增强她购买的欲望。

☞ **特别提示**：没有刁蛮的顾客，只有不合格的顾问。热情地询问顾客的需要，抓住需要给以专业的解释，以客户为中心而不是以自己为中心。

☞ **不能犯的错误**：把自己的标准强加给顾客，又把顾客的不满当成对自己的不敬。从来不问顾客的需要，也不理会顾客的要求，只一味向顾客推荐自己熟悉和价格较高的产品。语言急促，只想成交的提成，眼神游弋，表情生硬，不看顾客的眼色。

88. 如何令美容院销售业绩提高 35% 以上？

答：首先，做好专业的产品设计，没有好的产品设计，再厉害的销售人员也无能为力。什么产品是保证利润的？哪些产品是新的卖点并可以吸引新客户？什么项目可以促使老客户在优惠的条件下消费卡？可以通过牺牲掉哪些项目来增加客户的满意度？

其次，训练专业美容顾问，使其懂得并掌握销售的真谛。

美容顾问每时每刻要使自己进入专业顾问的角色，良好地分配接待时间，在恰当的时机进行最好的论证，给客户留下深刻印象。在美容院服务客户的过程中，我们发现了一个有趣的现象，以前的客户你怎么说她就怎么做，买单十分容易。而现在，说得不好还被客户修理的事情太多，以至于生意越来越不好做。这说明美容顾客已进入理性消费时代，还想靠三寸不烂之舌轻松赚钱已越来越困难，我们简单归结为低素质的服务水准和低水平的销售很难让高要求的客户满意。客户不满意，成交率就低。那么，怎样提高销售额呢？

做一个专业美容服务人员，仅仅具有好的皮肤和能说会道的嘴是远远不够的。现在的客户看上去要求很多，因为怎么说都难以成交，成交也难以持久。其实细究之下只有一个事情最为要紧：让我信任你。可是，为什么现在美容院的服务不让客户信任呢？是因为我们的顾问或美容师没等客户坐稳就已经先入为主地向客户推荐产品了，没等客户想明白，又已经自动开始打折或赠送了。结果，客人被这种低档次的推销吓得不敢进美容院。

下面的案例可以供大家参考。

在这样的销售活动中，我们自己就是顾客，我们相信美容顾问吗？如果不信，为什么？

顾问：欢迎光临，您请坐，请喝水。

顾客：谢谢。

顾问：不客气，请问您贵姓？

顾客：姓张。

顾问：噢！我是这里的顾问，姓李，请问您怎样知道我们的？

顾客：听朋友介绍的。

顾问：您的朋友姓什么？

顾客：姓张，她说这里的减肥效果不错，我也想瘦身。

顾问：看来您对自己的要求比较完美，您朋友做的是哪个项目呢？

顾客：不知道。

顾问：那谁给她操作的呢？

顾客：我不知道。我今天刚好没事，顺便来问问。你们的减肥有效吗？

顾问：噢！那可能会令您失望，因为你今天做明天才会有效果。

顾客：那你们这里的消费多少钱呀？

顾问：是这样的，咱们现在免费减肥。

顾客：那我们不要掏钱吗？

顾问：噢！是这样的，会员在减肥的疗程期间，所服用的营养品纤维素 880 元，综合维生素 150 元，按摩膏、消脂、溶脂 300 元，按摩啫喱收紧 300 元，疗程点穴按摩一律免费，您看怎么样？

假如您是顾客会买单吗？

在上面的案例中：

一是顾问没有事先准备好如何接待顾客，她对顾客的了解仅限于问一下姓什么，在接下来的接待中，又从不使用客户的姓名，缺乏专业礼仪带来的修养魅力，不能吸引客户；没有问客户需要什么，抓不住客户需要，却在谁是客户的朋友上问来问去，既浪费时间又让客户认为不专业。

二是以自我为中心，缺乏分析能力，抓不住客户需求。客户两次提出想减肥，而顾问都在顾左右而言他，有哪一句能让客户认可我们的专业程度呢？

三是耸人听闻，越发暴露出浅薄销售的弱点。客户探听价格，一句免费，立刻让客户警觉，天下没有免费的午餐。下面的产品介绍不管收费多少，立刻失去了说服力。缺乏诚信的许诺本身就是浅薄的代名词，一旦美容院把类似的言行用在销售过程中，对销售的伤害远比预想的严重。

以上的案例，也代表了美容院经营中的人员素质低下和专业训练的缺乏，人们认为会笑会说就能达成销售，实际上，"太会说"反而让顾客跑得快。

我们认为，作为一个专业美容院的销售顾问，要有独特的人格和丰富的专业知识作底蕴，先了解顾客的需求，并能以亲切和关心的表达方式与客户建立信任的关系。

具体分解销售过程，我们可以将它分解为七个步骤：

（1）互相介绍。要点：不能省略对客户的称呼，也不要忘记介绍自己，用礼貌建立平等的人际关系。

（2）询问需求。要点：问出需求，问出问题，连续问三个以上问题才可能知道客户的需要。不要先入为主，更不要只讲不问，你的猜测不等于客户的要求。

（3）抓住需求。要点：问出客户需求后，立刻回应，确认后再进行解释。不要避而不答，也不要绕弯子，客户说想减肥，立刻回应说我们在瘦身方面很有经验。请问："您想改善身体的哪一部分呢？"我们会听到客户积极响应的声音！

（4）如何满足。要点：提供解决方案："我们通过××产品的超强补水护理加上超声波仪器的高频美白疗程会为您带来极大改观，预计一个疗程后，您的面色将由黄变白，肌理也变得细腻透明。"这里的介绍要以对皮肤和美容产品的深入了解为基础，客观、条理清楚地介绍为前提，专业技术为核心，形象化描述为重点。忌"假、大、空"，忌只有价格、没有效果。目前，这是美容院销售最薄弱的部分。

（5）体现价格价值。要点：设计省钱超值的价格套餐。再有钱的人也需要超值的感觉，问问我们给客户提供的条件足以令她心动吗？

（6）最后促成。要点：确认买单。介绍后的沉默往往失去销售成功的时机，一定适时确认："现金还是刷卡？"千万别在最后关头等客户主动交钱，或让客户有机会等等再说。

（7）跟进服务。要点：重视客户的心理满足。结束后询问效果，不要犯收了钱就眼里没有客户的毛病。那会降低专业形象，也会令客户看低服务者的素质和专业水准。

以下是我们在美容院调查研究的案例，希望对美容院的顾问训练有所帮助。我们对第一个案例做了点评，请读者试着对其他案例也做一下练习，以提高我们的销售技能。

顾问：第一次过来吗？（缺乏礼貌和尊称，语气生硬）

客人：是的。

顾问：您贵姓？

客人：姓王。

顾问：我是这里的美容顾问×××，今天你过来想做面部还是身体呢？（省略了客户的称呼，问候失去建立交情的意义）

客人：想咨询一下，皮肤最近很干黄。

顾问：我可以摸一下您的皮肤吗？（没有听见客户的需求）

客人：可以。

顾问：皮肤弹性还挺好，以前有做过护理吗？（扩大问题）

客人：有，但效果不明显。

顾问：你都做的是怎样的护理？多久做一次呢？（继续扩大问题）

客人：好像也是什么进口的，差不多一个月做两次。

顾问：现在还做吗？（无法继续，只得寻找话题）

客人：还做。

顾问：最近季节转变，如果产品不适合皮肤的话都会皮肤干，睡眠不好，皮肤黑色素代谢得也不好，是吗？（再次扩大问题）

客人：是的，你看我的黑眼圈都出来了。

顾问：别着急，我们这里有一种产品可以帮助你改善目前的状况。

客人：是什么产品？

顾问：听说过日本的澳尔滨吗？（考客户，卖关子）

客人：没听说过。

顾问：它是从日本原装进口的，在日本就有 50 多年的历史了，和资生堂、高斯、嘉丽宝并称为日本四大王牌，其中的乳液更是它的拳头产品。（引导客户关注产品，注意，离客户需求越来越远）

客人：为什么叫拳头产品？

顾问：因为它针对性强、渗透效果非常快，而且可以平衡油脂分泌，深层清洁皮肤，滋润干燥皮肤，补水效果好。（多种功效背诵，缺乏针对性，令客户怀疑）

客人：真的有那么好吗！

顾问：我们这里 80% 的会员都用它的产品。（用数字说服，值得肯定）

客人：做一次多少钱？

顾问：原价要 980 元。（报价直接，不留余地，吓坏顾客。可直接报出最低会员价，引导客户关注会员）

客人：这么贵呀！

（顾问马上拿出会员卡，给客人看，并说有一种 5000 元和 2000 元的卡现在都特优惠，且还赠送仪器和身体护理）

客人：这样单价要多少钱？

顾问：不打折的话单价最少也要 680 元，我还有个建议，你可以用仪器来改善黑眼圈。（因为不自信而扩大问题）

客人：什么仪器？

顾问：美国的 BIO，它是一台利用 1.5V 电压启动的美容电脑数码仪，利用传统中医阴阳平衡的原理，利用接近人体本身的生物电流配合奥地利的山泉水静静地经过皮肤肌肉细胞，渗透肌肤，加速修复老化的细胞，促进血液循环和新陈代谢，加强细胞吸收及排泄的功能，可收紧提升肌肉，祛皱祛斑，收缩毛孔，收双下巴，治疗暗疮凹凸洞，改善肤色及皮肤敏感。（背诵的内容不一定让客户感兴趣，效果不是客户要做时，客户也不愿意听）

（把有关图片给客人看）

客人：有这么神奇吗？（一边看一边问，心里不信）

顾问：是的，我们有两台仪器，经常都排不到位，您有时间吗？您今天要不要试一下澳尔滨的美白补水护理+BIO 的特效眼部护理？（不需要告诉客户有几台仪器，如果排不到位更会令客人难以选择，它暗示难度和不方便。没有确认买单，就推荐试做，会惯坏客户，为收款留下隐患）

如果美容院的销售人员达到以下效果：形象得体，问话专业，回答翔实，推荐准确，收放自然，服务到位。事实上可以大幅度提升美容院的整体销售业绩和服务水平。你能够在这段问话中找到正确的问话和销售的方向吗？请试着做一下。

在附件中，我们给大家提供了一个《美容顾问标准话术流程》（见附件5），可以作为培训员工的素材。关键是在每一个关键环节培养客户两种选择的能力。

☞ **特别提示**：让顾问接受专业训练。事实上，专业的顾问在销售上可以通过开放性和选择性问话打开客户的心，从而令业绩提升35%以上。记住：价格是价值的体现，疗程是疗效的保证。

☞ **不能犯的错误**：认为知道就可以做到，结果一做就会回到习惯上去。只推销不问话，只谈价格，不讲价值。抓住一点，不计其余。

89. 如何利用朋友网络实现销售额的增长？

答：90%以上的美容院员工不会请她的客户为她推荐客人。因为，她心里并不认为自己的服务是可以令人骄傲的职业，心里对这个行业的低认同度从某种角度贬抑了自身的价值，因而也拒绝向朋友推荐。还有一个误区是认为美容院价格太贵，效果不好，根本不能推荐给朋友。排除真有一些美容院用假冒产品骗人以外，现实中的大部分美容院都是正规经营的。但是美容行业的从业人员却没有习惯，利用自己的朋友网络来实现口碑销售。生活中，美容行业和汽车行业一样，客户的口碑比广告还有效。假如是一家大型美容会所，满意的客户对它的效果感到自豪，因而愿意提起它，向他人介绍，借以"炫耀"自己的品味和实力，甚至会把这里当成朋友三五小聚的场合。当然，假如是一个治疗性的美容院或整形医院，客人有时会隐藏自己的治疗事实，从而隐瞒自己去做美容的经历，这也是治疗性小店做不大的原因之一。当然这就需要利用营销广告让需要的人知道我们的存在。其实，这两种情形都反映了美容院和美容顾客在这个行业成长中经历的尴尬。一种是需要，需要被满足的渴望构成的巨大市场；一种是行业的低素质带来的负面效应，让人们不能把这种经历变成令人自傲的炫耀资本。改变在发生，首先应该让我们每一个从业人员为自己的专业服务能力感到自豪，并愿意和朋友分享这种感觉，当然这建立在诚信经营的基础上。否则，我们的产品自己都不用，又怎么好向朋友推荐呢？

充分利用好服务经历的兴奋感，通过沟通让客户为我们推荐朋友来延长它。每个人都有与别人分享的欲望，充分调动这种欲望，使朋友之间的推荐成为价值最高的销售方式。特别重要的是，当推荐成功时，我们应对客户表示感谢。至少应该打个电话，写封信更好，或送上我们一张特别的优惠卡，以表示我们的感谢之情。当然，真正的感谢和敷衍是两回事。

我们应当有目标、有组织地使我们的客户向她的朋友介绍我们。因此有必要使所有客户对我们产生兴趣，使客户满意和愉快，不断获得惊喜和快乐，这样她才会自愿长久地为我们宣传，我们就已经通过服务和有意识的客户推介建立了自己优秀的网络。

☞ **特别提示**：把自己当成爱的天使，享受世界上最美丽的工作，并乐于和每一个人分享幸福与美丽的心得。

☞ **不能犯的错误**：自己瞧不起自己，羞于和朋友及顾客谈论自己的服务和职业，那样，既不快乐也不满足。认为不可能的事情就不去做它，却从未问自己为什么我的美容院不能成为女性乐园？不能和同行分享好的知识课程，怕别人超过自己，其实也会失掉和优秀同行交流的机会。任何事情还没有尝试就已经告诉自己不行！

90. 美容师怎样销售产品，客人才满意？

答：让客人满意的前提是找到她要的而不是推销你卖的。美容客人来美容院，我们先要了解客人最怕什么？然后避免自己做出令客人害怕的事情，才有可能让客人满意。

（1）客人最怕你看不起她，打量的眼神，挑选的表情都会令客人反感。

（2）最怕你知道她想花多少钱，打听客人做什么工作？收入多少？

（3）介绍时嘴里一直用大概、可能等词语表示品牌或商品的不确定因素。

（4）逼顾客马上决策，越逼客户跑得越快。收了钱就不理人，给人只认钱不认人的感觉。

（5）今天卖完，明天打折，打折后的价格比会员价还低！让客户后悔购买。

了解了客户怕什么，我们还要看客户来美容院需要什么？假如我们是客人，第一种需求是什么？当然是舒适的美容效果。假如美容师不管客人的心理需要，在客人刚躺下时就开始推销美容产品，一定会令客人心烦。假如美容师已经和客人建立起了亲切信任的关系，这种推荐不会换来客户的直接拒绝，却会换来客户的冷淡，直至离开。尽管我们建议让美容师以服务为主，但是许多美容院都让美容师的工资包含产品销售提成，这等于让美容师把眼前的客户当成销售产品的对象，却削减了对客户美容享受的重点关怀。特别是美容师素质偏低时，强行销售的表现根本是本末倒置，客户不发火才怪。

假如是疗效型美容院，美容师是可以销售产品的，但是要适度，而不要过度。更重要的是美容院的薪酬和奖金设计鼓励什么？你鼓励员工留住客人，以服务为主，美容师的奖金就会以接待客户数和客户点名率为主而设计，而前台顾问才会以销售提成为主要工资构成，以鼓励前台在客户服务中的专家地位。那折中建议是否说明美容院的美容师不拿销售提成了呢？事实上，在改变一个行业的习惯时要遭遇的最大风险就是员工的工资改变带来的军心动摇。所以，系统的薪酬设计应该是美容院的首选。不过良好的训练和分工，让美容师适当销售，也是可以的做法。比如：规定美容师不许对新客销售，熟客销售也以针对性的项目推荐为主。

假如美容师在操作中，客人表示眼部不适，而客人自己的选定项目中没有眼部护理，只有面部护理，这时美容师介绍眼部护理项目让客人选择就极有可能成功。因为那是客人的需要，而你的介绍不仅表现了专业性，还满足了客户的需要。那么，美容院设计了项目让美容师销售吗？美容师懂得在什么时候销售吗？她的技巧和表现足够让客人满意吗？她在销售中和操作中，是为了自己的提成还是为了客人的需要呢？这些都会构成美容师的销售风险。

☞ **特别提示**：充分教育员工要用心服务，不要把客人当成提款机，不要把客人当成弱智。更多的客人在美容师幼稚的推销面前，只会选择放弃，因为她看不到美容师为她在美容方面提供的专业服务。对新客户应该出台保护性的政策，就是头三次项目绝不能让美容师销售。只能体验效果的神奇和服务的专业。

☞ **不能犯的错误**：因为不专业，所以亲切，或过分亲切；又因为过分亲切，让客人做了美容院的主；因为让客人说了算，所以，我们无法保持专业形象；因为没有专业形象，我们就会被客户忽略，更别提从客户那里赚钱了。

91. 介绍美容院卡类产品及相关风险有哪些？

答：美容院以什么方式销售产品，一方面取决于老板的思路；另一方面表现了美容院的定位。

疗效型美容院，就以疗程卡为主进行销售。疗程卡销售相对容易，因为她的客户群是问题性皮肤，要解决问题就得有疗程来保证。特点是价位不高，搞不好，治疗问题时找你，护理皮肤时就换了另一家，治疗成了一次性消费。

月卡、季卡、年卡已经成了一些小型美容院的常规产品，价格低，最低年卡 240 元，除非产品价格奇低，否则，连美容师的人工费也无法支付。低价产品的更大风险是客户离开，她不会相信这样离谱的价格，更不会拿自己做实验品。

项目卡或 10 次卡、15 次卡，本质上没有什么不同，只是告诉客户这张卡能消费多少次。消耗完卡次，再留住客户要费很大的工夫。或者推出新的次卡，或者让客户转卡成为会员，这种难度很大。

单项卡即指此卡只能做一种项目，在美容院销售时可以成为会员卡的补充产品，通常用在推出新产品或新项目时，它的利润空间很大。它的特点是单价高，卡额低，能帮助我们以最快时间回收资金。单项卡的风险在于没有利用到它的优势，反而在最有可能赚钱时，美容院用了低价策略推出新产品，而后再也没有了提价的机会。

会员卡的特点在于提前预收客人的大笔现金，一次性回收的机会加大，留客能力增强，同时对经营的要求也越高，资金风险更高。客户预存的现金越多，预示着我们的负债越高，连续停业，或客户大面积退卡都会引起现金恐慌。一旦没有预警机制，现金流中断，员工流失，或者某些谣言都可能带来灾难性反应。所以，有效的管理和消耗卡额也成为管理经营的重点。

☞ **特别提示**：千万要了解每一种产品形式的优点和缺点，不要乱用，免得画虎不成反类犬。

☞ **不能犯的错误**：不要用一种产品打天下，产品是设计出来的，重要的是明白产品的作用。是高利润的新品，还是赠送的附加品？是长期的骨干拳头产品？还是季节性促销品？在设计每一种产品时，掌握利润原则，不能无原则地用低价争市场，低价反而会损害产品的价值。

92. 美容院员工如何通过掌握客户性格类型提供针对性的服务?

答：在我们的生活和工作当中，每个人都拥有自己性格的主导特征。我们大体将人的性格分成四种：活泼型、力量型、完美型、和平型。而每个人并非都仅仅只有一种性格，大多数人是多种性格类型的特征并存，只是在不同的环境中，与不同的人相处，都会展现自己性格的一个侧面。这四种客户性格类型各有其优、缺点（见表 4-2）。

表 4-2　四种客户性格类型的各自优、缺点

性格类型	优　点	缺　点
活泼型	热情待人 热切表达自己的想法 容易吸引人注意	混乱无秩序 朝三暮四 情绪波动大
力量型	迅速抉择、快速反应 喜欢挑战、能迅速完成工作 要求控制力和权威	强权独裁 难以沟通和接近 欠缺系统性
完美型	留意细节、思考深刻 记录、作图、制表 分析别人弄不清的问题	过于敏感挑剔 瞻前顾后不果决 缺乏感召力与推动力
和平型	促成团结、调节纷争 平静风暴的人选 承担别人认为沉闷的例行工作	被动、迟缓 安于现状 消极退缩

美容院顾问担负着吸引并留住客户的重任，从客户踏进美容院的第一步起，我们就可以根据顾客的服装、服饰搭配、语言、动作等诸多方面特征（见表 4-3）对顾客进行初步的性格类型判断，从而确定该如何应对和服务于这名客户。

表 4-3　四种客户性格类型的各自特征

特征方面＼性格	活泼型	力量型	完美型	和平型
外表辨别	色彩鲜艳、装饰鲜明、前卫	庄重、严谨、暗色系、饰物少	一丝不苟、注重整体搭配协调	衣着不讲究、不在乎搭配
手袋	小、时尚、色彩鲜艳	大而色泽素雅	随着装而变，强调搭配	随意，拿什么是什么
发型	时尚、着色	变化少、老土	一丝不苟、整齐	随意
鞋	流行、前卫	严谨、正统	与着装整体搭配	随意
语言	最先开口，说话速度快、有煽动性，常以"发现"、"你"、"你们"开头	以自我为中心、好command；以"我"为主，命令别人	不停地发问与反问；彬彬有礼、滴水不漏	"好啊"不会说"不"，喜欢沉默，听别人说
动作	幅度大而多、夸张	幅度大但较少、有力	不多，问话很多	少，安静、呆在一个地方不动
爱好	时尚与流行	效果和结果	挑剔、仔细、全面	看书、沉默
特点	追求时尚，勇于尝试	发号施令，唯我独尊、守时	追求系统，具逻辑性	唯命是从，从不没事找事
应对技巧	谈名人、明星、时尚、名牌	以服从为主，听对方说话	七个步骤缺一不可	每一步都确认
最怕	被忽视、不被注意	反驳、教训	怕被别人教（担心不专业）	失去安全感
格言	快活每一天	我只要结果	真的没问题了吗？	现在这样就挺好！
难度系数	☆	☆☆☆☆	☆☆☆☆☆	☆☆☆
销售技巧	开心地告诉她	服从、尊重（需要好的技巧）	必须专业，带一点力量	肯定对方

☞ **特别提示**：通过四种性格的划分，了解客户的不同，掌握交往和完美服务之道。

☞ **不能犯的错误**：只看眼前利益，不讲科学性，不了解不同性格消费者的不同需要，盲目用一种服务方式试图说服所有人。

第五章 | 美容院的客户管理

93. 美容院如何增加客户量？

答：（1）盘点客户，分析客户类型以后，留住老客户，建立核心客户群。

（2）在瞄准客户类型后，我们必须能使客户愿意介绍朋友给我们。

（3）使进店散客一进门就注意到我们，建立很深的印象，从而使这类客户对我们留下生动、良好的记忆！我们的户外广告和门面装饰醒目吗？这样的装修风格能使她们进来吗？

（4）我们的前台和顾问热情吗？我们的美容师手艺怎样？我们的环境舒适吗？能让客户难忘吗？

（5）我们能利用社会关系卖大客户卡，或者和拥有客户资源的其他行业做联盟服务客户吗？

（6）能够赞助其他的社会活动，从而使其他更广泛的客户记住我们并愿意来店体验吗？

我们必须成为有吸引力的人，才能在芸芸众生中出类拔萃，才会吸引到足够多的客户。比起在百货公司闲逛的女人，在美容院闲逛不太可能，我们别让每一个进门的客人离开！不是留下她的钱，而是留住她的心，让她不忍离开，也不愿意离开，这样我们就会把每一个新客人变成老朋友。实际上，大部分时间，我们都正在用漫不经心的挑剔或极度虚伪的热情让来到的女士快速离开。这时，我们忘记了著名的 80/20 法则，即 20% 的忠实客户为我们创造了 80% 的业绩。如果客户不离开，我们的业绩将非常可观。但是很少有美容院做客户盘点，我们的学员做了以后吃惊地发现，自己辛辛苦苦做了好几年，老客户都跑光了，所以一直要靠广告招徕新客，而新客又留不住，只能恶性循环，靠广告带来的客户维持生意成本非常高。

☞ **特别提示**：只打广告却不知道客户是谁，不知道客户的需求就意味着盲目经营。

☞ **不能犯的错误**：只做人气，不算利润。只认现金，不认出处。缺乏细致的客户分析和市场分析，只做内、不向外，或者只向外，不瞄准；只想做，不付出。没有目的的客户经营要么空闻人语响，不见人进店；要么赔本赚吆喝，结果客户依然不会再来。

94. 美容院采用什么模式才能发展出最稳定的客户群？

答：以客户的需要为中心而不是以老板的猜测为主决定服务和项目；以客户的满足和便利为主决定服务流程而不是以自己的推断为主；以客户的承受能力为主而不是以利润的高低来做项目的取舍。因为美容院需要一大批追随我们的客户，通过为她们服务获得现金和利润。假如没有客户，就什么都没有！但是很多人本末倒置，以为自己才是决定的中心，甚至看客户的钱包来决定是否提供服务，那将让我们的服务充满风险。

稳定的客户群建立在系列有效且专业的个性化服务基础上。是否每一个客户都在我们的服务中感到她是唯一的？服务只是对她而言，而不是对所有人？她花的钱只是为了满足自己的需要，而不是满足我们美容院的想法。如果说美容院有一种模式能发展出稳定的客户群，那就是心的模式，用心为客户服务，让她觉得此时此刻，无时无刻她都是最受尊重和最重要的人。满足每一个客户精神和心理需求的服务模式将比卖给客户美容产品更为重要。因为产品的同质化越严重，我们的服务受到的挑战越大。

如何达到服务的专业和有效呢？培训每一个员工使她们以客户的需要作为关注中心，以满足客户的需要为行动指南，我们才能牢牢抓住客户，使她们终生跟随我们。员工手里的客户应该被仔细分类并在个性和产品及项目上能够因人而异。这样才能做到服务个性化，促销针对化，管理目的化。赚一个人一生的钱比赚一次性的花费要节省很多力气，也有更大的快乐。因为只关注钱的人生不会让人有更高的满足，只有通过被别人承认和需要，在能去爱人时我们的快乐才是平和而欢愉的，那也极大地满足了我们自己的人生需求。

☞ **特别提示**：用低价试图一次性回收大笔现金的促销行为已经成为这个行业的毒药，越来越低的价格只会让客户离我们越来越远。客户来美容院不是为了省钱，为了省钱她就不会做美容，她是为了花钱买服务，花钱买感觉，花钱买品质。

☞ **不能犯的错误**：价格决定论：只依赖简单化的降价吸引贪便宜的客户，却使大部分要求品质的客户离开。

客户盲从论：认为提意见的客户就代表了全部客户，不加分析就匆忙决策。比如，一个客户一年也不来一次，却很有钱，来一次就提了一个意见，说装修不够高档，美容院的工作重点立刻变成了提高装修档次。而实际上，这个客户并不代表这个美容院的核心客户。而这个美容院的大部分客户都是认实惠的邻里客户，只追求物美价廉，不求豪华。而一旦提高装修档次，就必然提价，这部分忠实的老客户就会离开。不想让这部分人离开的方法，就是增加了投入后，维持原价，那么，必然亏损。

95. 美容院为什么做不好客户服务？

答：我们当然知道美容院做不好服务，客户就会流失。可是有谁知道顾客为何流失？

下面是一组客户流失的统计数字：

◆1%因为死亡。

◆3%因为搬迁。

◆5%受朋友影响。

◆9%被竞争对手的广告所吸引。

◆14%对产品不满意。

◆68%对企业雇员的态度不满。

那么，就要认真检讨一下我们的服务工作存在哪些问题。

（1）不了解服务是用心建立的一种特殊关系。假如我们不理解这一点，就等于没有了解服务的精髓。真正高品质的服务是从内心散发出来的一种意愿，我们乐于为客户提供服务，并且从中体会到最大的快乐。如果这个工作做起来不开心，那它一定不适合你。别人会因为你的不开心而受到影响，没有客人愿意看到一张难看的脸。

（2）不知道服务的好处在哪里。服务就是给顾客带来快乐、满足，同时也可以成就自己的事业。为什么我们会把青春当成一种美容行业的定式呢？难道一个熟悉自己的老美容师不比一个自己不了解的新人更令人信任吗？只要我们热爱这个事业，我们的客人会像我们离不开它一样离不开我们。要让自己相信服务是一种责任和义务，服务是通过帮助别人实现自我满足，是帮助别人获得美丽和智慧，服务也是在为自己做奉献。

（3）不知道为谁服务。假如服务只是一种机械的工作，我们的快乐就没有对象。爱我们的客人，不要用有色眼光看客人，更不能因为对客人的穿着容貌甚至私人生活有不同见解来比较和区别。客人就是客人，她们都一样需要关心，应该得到关怀和呵护。我们的声音对谁都是温和的，我们的手对谁都是轻柔的，我们的心对谁都是关爱的，永远要使我们的服务最有价值。

（4）来自于工作上的压力。如果美容院的人际关系复杂，缺乏团队气氛，各种人际压力会造成员工的巨大精神压力，不轻松的人又怎么可能为客户提供轻松而开心的服务呢？这也是美容院做不好服务工作的一个因素。

（5）有时美容院一贯表现比较好的员工突然出现问题，因为私人问题，比如恋爱或经期等出现情绪失控情形，有时家庭关系不和谐也会令员工或老板心情很坏，这也会形成一种灰暗情绪破坏美容院的环境。在我做顾问的一家美容会所，还出现过一个员工才华横溢，能力和学历都很高，却并不完全认同美容院的工作，她认为，不能加班，要上班也要正常下班，否则会影响孩子，也会影响老公。这并没有错，只是她的以个人生活为中心的价值观不适宜美容院的工作。类似的事情自然也会影响一些人的心情，并扰乱工作环境。

（6）造成服务品质不好的另一个因素是不良管理，管理不善往往是衰败的关键。中国有句话叫"上梁不正下梁歪"，管理不良或失去管理，更多是不懂管理给美容院带来的随意和粗浅是这个行业的最大问题。不管员工个人多么热情服务，她都无力改变老板的个人风格，更无力改变老板的价值观。

（7）员工缺乏责任感也是服务不善的原因。女孩子成群，又都熟悉，没人愿意负责任，你好我好大家好，结果出了问题找不着人负责，老板一生气就犯了众怒，结果没有人愿意挨骂，最后就是环境懒散，毫无生趣。

☞ **特别提示：** 不能创造好的服务，有多种原因，但是最重要的原因是缺乏正确的管理观念和服务意识，片面以为服务就是买卖关系，你掏钱我才对你笑，你不掏钱，只能看冷脸。而实际上服务是一种心态，表现在行为上就是先用心征服客户，然后客户才买单！保持服务水准要持续地进行员工培训。

☞ **不能犯的错误：** 以为服务是一种正在进行的工作，我们这不是正在服务吗？而我们提供的服务客户认为不好就是她感觉不对头，她感觉很好，她通常认为这才正常。只有用心之深超出客户的想象，她才认为超值，只有此时，我们才算找到了服务的高附加值，也才没有对手能超过我们。

96. 美容院如何使员工赢得客户？

答：（1）训练我们的员工，从面部表情的松弛和微笑表现出随时准备为顾客服务。

（2）铃响三声内快速抓起响铃的电话，并详细记录电话内容。

（3）如遇订位电话，当时没位，须回电通知，别忘立即回电。如电话问价格，请客户上门接受专业咨询，如客户非要问明价格，也一定要问明客户究竟做什么项目才好回答。避免张口就答，或低价引诱，让客户上门后有被蒙蔽之感。

（4）微笑，整个世界将属于你。用眼神传达发自内心的笑，才会真正赢得客户的心。

（5）在美容服务的每一个环节，向客户和同伴多多表示真诚的感谢并接受感谢，这将给我们的顾客带来相当专业的感受。

（6）将每个顾客都作为唯一来对待。

（7）用"您好"、"请"、"欢迎光临"、"对不起"、"谢谢"，随时与人交流，热情地对话，热情待人，会令客户有宾至如归之感。

（8）用热茶、水果、糕点和书籍及修甲等附加服务使（不可避免的）等待成为愉快的事，每个员工都能表现出乐于助人的风貌。

（9）我们挑选员工的条件就应该有这样一条：是否乐于从事服务业？会笑吗？愿意助人的乐天派才有兴趣使顾客高兴。

（10）表现出你对产品及服务的强烈自信。所以，每开口必先恭敬地称呼客户的名字，然后开始介绍自己和自己的服务。

☞ **特别提示**：服务在于细节，千万不能认为产品和仪器才是客户认同的投资，那仅仅是我们的投入和试图使客户感兴趣的努力，真正能留住客户的是员工的行为表现。把每一个细节发自内心地做好，为顾客着想才会赢得顾客。

☞ **不能犯的错误**：只重产品、项目、仪器，忽略员工的服务素质。或用一般水平的员工来从事最重要的、和顾客打交道的工作，结果造成顾客对美容院服务水平的质疑。比如：明明早上没有客人，为了留住新客户就撒谎说已经预订满了，如果想做，看看是否可以通融。客户不是傻子，一旦她看到了接待人员的把戏就会影响美容院的公信力，也会令客户对顾问的人品和企业的文化产生质疑。

97. 美容院如何建立顾客的信赖感？

答：信守诺言，是人生最大的资产，是人格保证。有了信用，你就能成就一切事情。没有信用，任何成功和财富都与你无缘。

美容院长久经营的不是什么产品和仪器，任何产品和仪器，在对其不感兴趣的人手中都不会让客户感兴趣。美容院卖什么？卖的就是美丽、魅力和信赖。如何通过日积月累的服务建立起客户的信赖呢？如何在一个投机者盛行、口碑不好、形象低级的行业确立自己的专业形象与品牌地位呢？要对客户做到：

（1）更快地提供服务。

（2）高效率地处理事情。如："你只需填写这部分，我来处理其余的。"

（3）说到做到，绝不食言。

（4）比承诺的做得更多。

（5）提供更好的顾客见证。

（6）言行一致。

（7）准时，充分尊重客户的时间。

（8）对相关产品知识表现出充分的自信和专业性。

（9）写调查问卷，向顾客征求反馈意见。

☞ **特别提示**：不能用自欺欺人的手段，拉客进门，不能宣传上讲免费，客户一来就狡辩，让客户深感受骗。更不能和客户讲好条件，最后以不理不睬不发脾气拖死客户。所有的无赖行为，不管多么文雅，对客户和合作者来说，都是双方关系的末日。

☞ **不能犯的错误**：先诈客进门，后逼出现金，然后等待下一个受害者。或者无心做人，却有心赚钱。

认为中国这么大，一个人骗一次，骗一辈子也够了。我第一次听人说出这种观点时，不禁愕然！开美容院如果至此，是没有任何成功的机会的，除非你的美容院是可以背着满世界跑的。

98. 最受欢迎的美容院服务是什么样的？

答：（1）微笑，还是微笑。美容院员工知识能力与客户的需求良好配合，不管是美容师还是美容顾问还是清洁工，只有全体员工的充分配合才能创造最开心的服务环境。

（2）员工能胜任工作，每一个岗位的员工都清楚地知道自己的工作内容并能够按时完成。

（3）客户与员工均有合理期望，员工不会今天跳槽明天试着换一家美容院，客户也不会指挥美容师像自己的奴隶。

（4）顾客需求可被准确地诊断。顾问能够准确地抓住客户需求，并建立起客户对自己的信任，从而相信这是一家正规的美容院。

（5）员工相信其所为最有益于客户，而不是认为自己骗了客户的钱。诚信不仅仅是对客户的表现，它是建立在长期人品上的信誉，而员工就是老板人格和品性的证人，她们据此判断选择自己的前途，从这点上看，人员流失很大的美容院，不是老板能力就一定是老板人品有问题。

（6）员工与客户间的有效沟通。要学习有效沟通的技巧，用同理心倾听客户的话，从中真正领会客户的需求。

（7）员工与客户间保持信任与信服。员工对客户展露的亲情和热情能让客户信任，像自己人一样，我们管这种态度叫敬业，大部分美容院都能做到这一点，然而客户还需要我们在沟通时表现出专业的一面，这才能让客户信服。客户会因为太亲切，而失去与美容院的距离，从而无法谈价格。中国有句话叫"亲者疏"，美容院与客户的关系一旦如此，我们就要警醒，是否我们的专业形象弱化，失去了令客户信服的一面，那就要提高我们的专业性。人们习惯为专家买单，专业服务的理念和成功的心态，能帮助我们和客户建立起一种积极向上的人际关系。

（8）所有服务人员明了经营及服务目标。美容院拥有自己的价值观和文化准则，并有效地教育了所有员工。

（9）有一个准确而独特的经营定位，使美容院在竞争中立于不败之地，所有员工也明了自己的定位，并为之自豪。

☞ **特别提示**：建立一个企业要付出艰苦的劳动，任何侥幸的尝试都会是一场危险的赌博。

☞ **不能犯的错误**：把员工当成自己人，算计客户和轻慢客户的言词会成为一种行为指南，使我们的服务建立在虚伪的表面上，不足以支持长久的发展。把员工也当成客户，爱她们并要求她们每天进步一点，给予才是建立吸引力的前提。

99. 美容院赢得客户的五步骤是什么？

答：为了建立一个和我们的客户相互关联的关系，我们可以将女性客户的需求内容、需求时间和购买行为结合成一个行之有效的赢得客户的战略。

赢得客户的五个步骤：

第一步：制定目标（销售方面/管理方面）

我们要达到的目标是什么？

（1）客户数量和客户质量。10个开2万元卡的高端客户胜于100个开68元月卡的客户。在美容院，许多人不讲究客户质量，只在乎销售额。而且，只在意现金收入，忽略消耗额，从而为经营埋下风险。建议把客户交给专门顾问服务，随时统计客户消费情况，及时跟进服务。

（2）销售额和利润。为了现金回款，不惜牺牲价格政策，打折再打折，有时甚至没有利润也在做（有些美容院从来没有做过成本核算）。销售额快速增长，会员消耗却不动，意味着促销力度太大，利润不一定令人满意。消耗过快，意味着强势推销会伤害顾客的积极性，顾问的客观性会受到客户的质疑，有伤害品牌信誉的风险。

☞ **特别提示**：要做好会员消费统计，在销售额与消耗额之间找好平衡点。做定量管理，而不是随意管理。

☞ **不能犯的错误**：只顾收现金，忘记客户没花的钱存在账上等于我们在欠钱，欠钱总是要还的，别欠太多啊。

第二步：确定客户群

我们要赢得哪些客户？

（1）领域、客户群，是高端客户还是问题性皮肤客户？是年轻群体还是中年部落？是繁华区域还是住宅小区？不同的客户有不同的需要，我们可以区别对待并一一满足吗？

（2）区域机会，是否在我所在的区域，我是第一个引领美容潮流的店家？仪器、产品，我是第一个打广告的先行者？如果是，第一批的优质客户60%被我们吸引，我们的销售额和利润同时都是有保证的。

（3）需求时机和购买方式，比别人快半步就是市场的赢家。别太早，为他人做嫁衣，也别太晚，成为时尚的跟风者，没什么钱可赚。

☞ **特别提示**：什么人的钱都想赚，结果，什么人的钱也赚不到，只有等待。

☞ **不能犯的错误**：人云亦云，不能决断。只听挑剔的有钱客人一句话，就可以投几十万换装修，结果自己的大部分客户是白领，负担不了涨价后的价格，高端客户又不来这个区域，分不清真正的主力客户。

第三步：令客户进门

（1）比较各种宣传方式，在成本和效用上，选择最经济的方式。通常常年的广告能为我们在客户心中留下良好的印象，辅之持续的项目优惠和新品推介，能对客户产生品牌化的吸引力。会员活动也是可以借鉴的展示，对推广品牌非常有用。毕竟，客户除了做美容，还希望有一些女性化的活动来丰富自己的社交生活，美容院拥有这个得天独厚的召集者的资格。

（2）朋友推介，也是一种好的手段，只可惜用得不多，这个比较省钱。但美容院的同行们经常不愿意向朋友们推荐服务，甚至不愿意告诉朋友自己的职业。这可能和行业的整体社会地位有关。但是如果尝试自豪地向朋友介绍我们的工作，效果一定很惊人。

（3）街头派单，本来是很直接的推广方式，却因为推荐人员的低素质很难见效，以至于客户不接单，同行和广告公司却拿回去学习。

☞ **特别提示**：宣传要有效，一定得针对客户送出去还要令人难忘，否则，就会无人理会。

☞ **不能犯的错误**：广告语，价格都很低足够吸引人，电话号码却忘了留。广告有回音，接电话的小姐开口一句"不知道"，就吓走了客户。

第四步：做好准备工作

决定了宣传途径后，要准备详细的文件，帮助美容院相关人员了解客户接待的重要性。对客户所能进行的问话进行准备，做出标准问答，以训练员工，才不至于被员工的表现影响了客户服务的质量。特别是在员工培训不足的情况下，尤其要逐人过关，才能保证宣传的有效性。前台的接线人员经常被安排成自家人还兼收银，结果，从未接受过任何电话礼仪培训，经常使广告效果为零。要严加注意。

预备辅助手段（宣传单、客户卡、赠送说明、新产品展示、客户可能问话的应答准备）。

第五步：实施宣传管理工作

注意到一种吸引客户的活动或广告何时开始？重点突出什么？执行期间谁又如何控制和监督？

有些美容院打广告或搞活动一定要挣回钱来，否则就不会搞活动和打广告，最常见的是打了免费广告，结果客人上门试做，只给客人做半边脸，另外半边要付费。结果是忘记了是要挣点免费服务的小钱呢，还是想长久留住客人？搞不清宣传目的是使美容院宣传落入陷阱和欺骗误区的根本原因。

☞ **特别提示**：先研究为什么做活动或打广告，然后再开支票或安排人打广告。

☞ **不能犯的错误**：找个熟人就打一篇广告，上面为仪器厂家猛吹，跟客户毫无关系。

100. 美容院跟进新客户的方法有哪些？

答：用"一三五原则"建立交情。

打电话，在合适的时间段进行必要的跟进联络，加深客户的意识。我们建议美容院设立固定的客户服务人员，对重点客户做跟踪服务。电话服务虽然便捷，但假如打电话的人魅力不够或情商不高，将很难给客户留下深刻印象，人家认为是打搅。我们要掌握让客户认同的方法，才能使客户愿意接电话。第一步，是成为客户的朋友。这里有一个"一三五"原则，也可以叫趁热打铁原则。

第一次顾问接待新客户后，并做好联系的准备，建立交情。准备第二天做第一次电话回访，加深印象，可以从昨天的护理项目入手，给客户一个问候和致电的理由："王小姐，您好，我是玛思威的小崔，请问您现在方便吗？我想了解一下您昨天对有机疗肤项目的感受，以便我们为您提供更有针对性的服务。如果您方便，可以告诉我一个座机号码吗？我们本周内有一个对新顾客的优惠项目，我很想为您安排。谢谢您，王小姐，我会再与您联系，您做护理前，我会提前为你做好安排。"

第三天，致电客户安排首次客户的优惠项目体验，之所以设计客户优惠项目，是为了短时间内留住新客户，因为我们不能没有原因地以回访为名骚扰客户。

第五天，为客户申请第二次项目护理："您好，王小姐，我是玛思威的小崔，请问您本周有时间来做护理吗？我可以为您预约时间。"不管客户是否来店，三次有效的联系已经为我们在客户心中留下了深刻印象，这种方法就是所谓的"一三五原则"。

☞ **特别提示**：美容院必须具备专业的客户管理和服务能力，并有专人负责客户跟进及政策制定，才有可能把客户管理落到实处，才可能大幅度提高客户成交率和回头率。我们在顾问辅导中，发现同样的一家美容院，在解决了客户跟进问题后，客户签单量在进店人数不变甚至略有下降的情况下，成交和回头率提高了30%。

☞ **不能犯的错误**：只做现场，不做跟进。凭自然本能开发新客，严重依赖广告。靠美容师个人设计短信跟进客户，或笼统强调客户服务，实际行为缺乏管理和考核。

101. 美容院如何留住新客户？

答：在利用"一三五原则"给予新赢得的客户以格外的继续关心、强化咨询和更多的服务外，还应该注意以下三点：

（1）新客户必须由赢得她的人来服务，不要频繁换人，让客户厌烦。

（2）初始的销售额只是将来更具吸引力的销售额的催化剂，我们的目标是挖掘出全部潜力，赚客户一生的钱而不是赚她一次的钱。

（3）开始时拜访间隔要短，以后逐渐延长，但不可长至使关系疏远。适当的联系频率使新客户成为固定客户，同时这可以令我们节约大量广告成本。

有必要向新客户证明并做到以下三点：

（1）我们是最好的服务者！

（2）我们有最健康持久的效果！

（3）您随时可以要求并得到我们的服务！

不断地在客户面前出现，叫做使自己"永久化"。

☞ **特别提示**：冷热不均，或忽冷忽热。没有明确的客户管理要求时，员工就会凭兴趣服务，那只会令我们的服务成为自然的反应，而不是专业的服务。只杀生不认熟，对新客当时热情，一旦成为熟客，就会轻慢。有效培训后的客户服务才能使客户认可我们的服务水准：专门、专业、专注！

☞ **不能犯的错误**：随便摸起电话就打，撞大运。指望客户一下子答应一个陌生人的推销，强行规定每人每天打多少电话给客户，却不指导员工如何说话。

102. 如何用精彩的报告会、研讨会来留住核心客户？

答：我们是否对帮助我们的人特别感激？没有比使我们的客户感觉越来越好更重要的了，假如在繁忙的工作中，我们的客户压力越来越大，生活越来越枯燥，或毫无新意可言，那么，在女性需要的放松、健身、亲子、婚姻、保健等多方面，她们就越来越需要有一个专门的课程或组织能在她们的业余时间给予她们更多的知识和机会。我们美容院可以在这方面做一个专业的组织者。

因此，以下做法值得借鉴：

（1）为我们的客户举办各种讲座；

（2）举行专题研讨会。

这当然会产生美容经营的多样化问题，也考验到美容会所的组织能力。为什么值得为客户付出呢？因为多样化的作用非同寻常，它既满足了客户，又确立了我们的品牌，还能吸引专门的产品和机构的关注。重要的是我们吸纳的人是谁，她们满意吗？

举行讲座或研讨活动的步骤：

第一步：以一个晚间精彩讲座作为开始，主题可以是"女性魅力之约"、"如何做一个优秀母亲"、"色彩之魅"等；

第二步：将一日活动分享作为挑战。参与，奖品，心情分享，组织者越有经验，活动会越成功。

客户的要求非常高，简单地让一个爱好交流的人随便谈谈，或花一点小钱让所有的客户聚会，往往不会收到什么效果，这也是大部分不知道为什么做活动而做活动的人常犯的错误。

要做活动和研讨，就要有针对性。只解决一部分人的需要，特别是高端客户的需要，比让所有客户满意容易，因而只有真正含金量高的活动才会有人参加，简单的产品观摩和表演远远不够！

讲座或研讨会内容选择：

（1）健康意识（健康和力量越来越受到重视）；

（2）心态的训练（必须更快乐地生活）；

（3）个人素质及能力提升（我要更有价值）；

（4）塑造女性魅力专题研讨会（我要更有魅力）。

一定会有些花费，否则不起作用。搞得丰盛些，因为我们毕竟是在工作，而不是居家过日子。

只有日程多样化才能长久生存，而且多数情况下需要请有名的咨询师，以使讲课不论在内容上还是在方法上都能够给人以享受。

☞ **特别提示：**要收取少量费用。不收费的活动一般不能吸引别人的重视，人们会以各种理由解释不来的原因。要瞄准特定客户，才能找准兴趣点。要选择真正有魅力的演讲者。现在的各种免费活动，之所以不能长办，一是人员参差不齐，二是长期下来无力支付，三是因为不花钱所以都是朋友帮忙，效果大打折扣。以收费来确定参加范围，因为品质高，所以会带来荣耀感，吸引主要目标客户的目的就达到了。

☞ **不能犯的错误：**目的不明，不花钱少办事，为活动而活动，没有客户满意，只有省钱。只图热闹，没有效果，更像一场玩闹或聊天，没有给来宾深刻印象。

103. 如何通过建立会员俱乐部带来紧密的客户联系？

答：现在很多人在搞会员俱乐部，但只是开卡登记会员时有用，一旦打起折来，打折价比会员价还低，会员的优惠就不见了，这样下去，所有人都不急于成为会员，而是期待打折。我们在用混乱的价格培养投机的客户，客户的投机成为习惯时，不打价格战，又怎么能长期留住她呢？这就给会员制提出一个疑问，会员俱乐部除了可以让会员在产品和服务上享有最好的优惠外，还应该注意什么才能使之成为联系客户的纽带呢？

（1）要使成员资格成为一种荣誉，而不是花点小钱就是会员。目标人群集中的俱乐部很快会成为一个客户交友中心，它将使我们的美容院更有竞争力。

（2）俱乐部成员享有各种附加服务和优惠赠送，可以使俱乐部成员根据其消费额的大小以优惠价格参加俱乐部的活动。可惜，我们除了产品和项目打折外，其他活动很少，不足以体现这种优惠。

（3）俱乐部需要定期的有活力的活动。共同的经历能产生紧密的联系，一份期刊（通函、杂志）能带来新的思路、回忆和凝聚力，还可举办日程轻松的讲座或晚餐会或节日庆典，给爱美的女人们一个争奇斗艳的机会。

（4）依靠现有成员，举办一个"成员吸纳成员"活动，客户招揽工作会因此简便易行，机会也能接踵而至。但是要给予双方相同的回报，免得成为赚介绍费的"直销"，人们不愿意成为赚朋友钱的人。

☞ **特别提示**：会员是一种区别，是一种少数人才能享有的回报，它因此而有价值。会员卡的设计要有匠心，分级别，给优惠。会员要有交流园地才能互相认同。会员刊物应该成为联系会员的纽带。

☞ **不能犯的错误**：没有系统地策划，就花钱搞所谓的会员活动，来的人杂七杂八，活动不伦不类。会员除了打折没有任何收获和荣耀感。一旦搞起促销来，会员的优惠还不及现场购买的人员实惠，久而久之，会失去会员的意义。

104. 美容院如何处理客户的抱怨？

答：在哪种情况下，都有可能遇见客户的抱怨，有时是因为她心情不好，有时确实是我们服务不周。遇见客户不满时不要先去找客户的不是，而要先检查自己的不足，然后才是如何处理解决客户的抱怨。

一般出现顾客投诉问题主要有以下几个方面的原因：产品品质不佳、美容师操作手法不规范、护理程序不当、顾客皮肤对产品成分吸收的差异以及顾客生活规律失常等。此时只要我们掌握解决投诉的方法也就不难解决。

下面介绍解决客户抱怨的方法：

（1）先解决心情，再解决事情。任何人受了委屈，都会寻求帮助和理解，从客户角度进行安慰，然后再询问如何可以帮助她，这比直接推脱责任要好得多。

用同理心倾听客户的抱怨，不要辩解，更不要寻找客户的过失，体谅顾客的难处。比如：客户自言用了我们的产品就过敏了，美容顾问常问的话是：你回家用了其他产品吗？你吃了辣椒吗？客户就会气得不行。

换一种说法："啊，确实看上去有些过敏，虽然，我们的客户很少出现这种情况，但是不要紧，我会帮助您的。过敏的原因有很多，我们可以试着找出原因，现在，如果您需要，我们可以先做一个脱敏护理，解决一下目前的红肿现象，如果您认为不用，我们可以先停用产品，观察一下好吗？"

（2）转移地点，选择避人处安静地解决问题。当客户试图在前台解决问题时，一定微笑着引导客户到办公室或其他顾问间，时间会令客户平息一下心中的不满。忌讳当场问为什么，否则一定会引来无数愤怒的理由。

（3）提供的解决方案令顾客获得被重视的感觉。如果接待投诉客户，一定以安抚作为出发点，同时真正给客户一个满意的答案。尽管大部分客户都很善解人意，但是也有少部分客户会真正发怒。这时不要直接送产品、退卡或现金进行补偿，而是要问客户最需要什么？不问需要的赔偿也是对客户感受的轻慢。"你以为几个钱就可以解决问题吗？"一定要在客户心情平静时再提出解决方案。

（4）态度上高度重视，行为上积极解决。在接待投诉客户时，好的、亲切的态度是第一位的，以客户感受为中心的处理方式还要表现在积极的行为反应上。与一个语速极快的客户对话，过慢的语速和过慢的动作反应都会激怒客户。用积极迅速的姿势和语速回应客户的要求，比解释还重要。

（5）时间上立刻反应，不能用请示拖延时间。客户真的只要求经理出面解决问题时，就要告诉自己，我没有被她接受，马上立刻回答，好的，我马上找经理来。千万不能说：经理不在。那样的意思就是不管你如何烦，你都得找我！客户会很生气，于事无补。在客户投诉时，好的态度又比找出到底是谁错了更重要！

当顾客对美容效果提出质疑或投诉时，不管属于哪方面的原因，美容院都应先予以接受，并站在顾客的角度，仔细聆听对方的诉求。然后，准确测试顾客皮肤的类型，了解美容师操作程序和顾客的自我护理情况，立即采取相应的补救措施，以望得到对方的谅解；如果不是美容院本身的问题，美容院也有责任从医学的角度，科学、全面地为顾客分析美容、护理与产品内在机理的关系，告诉顾客：护肤美容，改善品质不是一朝一夕的事情，它是在皮肤结构的基础上，应用多种学科的一项科学复杂的系统工程。同时还要再次仔细针对顾客皮肤的特性，帮助其建立对产品的信心，对美容院的信心。

☞ **特别提示：**投诉意味着客户对自己的关心，一旦解决客户的问题，就会换来非常好的口碑。

☞ **不能犯的错误：**把投诉当成意见，跟客户针锋相对，或摆出店大欺客的蛮横作风，令其他客人也退避三舍。把投诉当成定时炸弹，无人敢处理，只等老板来解决。

105. 美容院经常遇见哪些投诉呢？我们又该如何处理客户投诉？

答：在美容院的经营管理中经常会遇到客户投诉的情况，一般出现频率较高的投诉有以下几种：

（1）皮肤过敏现象严重。在美容院的经营中，各类因功效型产品而导致顾客皮肤出现严重过敏的例子不少，这也成为很多美容院经营者头痛的事情之一。因为这类问题一旦处理不好，会对美容院的生意和声誉造成很大的影响。如能正确帮助顾客购买使用合适的产品，并能确保产品质量和使用的安全性，无疑是降低美容院的投诉率，提高经营业绩的一把利器。

然而，当顾客满怀希望地走进美容院，不管你经营的品牌品质如何优秀，安全系数有多高，因顾客皮肤的特性或其他因素所致的过敏、红肿、瘙痒等不适症状在所难免，这类问题处理得好，顾客不但不会怪美容院，反而会觉得美容院技术专业、服务到位，值得信赖；处理得不好，美容院失去的不仅仅是顾客、财源，更是整个美容院的形象，一传十，十传百，口碑效应终会导致经营业绩下降。这就要求美容师向顾客分析疗程产品安全效能时，应根据顾客的皮肤特性，合理客观地介绍其产品功效，切勿随意夸大，给顾客承诺太多。一旦出现问题，美容院应该对顾客的心情、信念、行为表示理解和包容，然后运用一定的心理学知识和沟通技巧，让顾客在愤怒的心境中得到慰藉。同时还应尽快了解顾客皮肤出现过敏症状的具体时间、详细情况，以便查找出过敏的真正原因，然后采用普通物理疗法或通过让顾客服用一些抗过敏药物等来缓解、控制顾客的症状，最后达到治愈的目的。

（2）技术操作不满意。专业娴熟的操作手法是美容院成功经营的必备条件，也是一个美容院口碑的专业化体现。顾客对美容院专业化程度的要求越来越高，如女性纹唇、纹眉、纹眼线已经成为时尚，然而，因为美容师专业技术不够娴熟，经常导致三纹操作时有疼痛感、上色不匀，眉、眼形状也不自然，很多顾客不满意。作为美容院来说，在进行相关的技术操作时就必须慎之又慎，美容师操作前除了要充分做好规范操作的准备工作之外，还要针对顾客不同的年龄、职业、皮肤特性、脸型特征及顾客的具体要求，进行全面的科学分析与形象设计，为顾客量身定做出既符合顾客自身特征又具有时尚个性魅力的唇、眉、眼线款式，同时根据顾客的情况正确选择色料并分析不同皮肤的功效差异性及可能出现的问题，有效排除顾客的心理疑点。因此即使技术操作时某个环节出现问题，顾客也能谅解，并积极配合美容师顺利操作。

由此可见，技术过硬才是硬道理。一旦形成客户不满的事实，就要先道歉。俗话说"伸手不打笑脸人"，谦和的人品会让客户理解，解决问题的速度快，也能消解客户心中的怒火。因为客户也知道事实如此，只能寻求解决之道。

（3）销售或打广告时缺乏严谨和科学的说明，夸大其词、任意保证。引发客户对效果的过度预期，从而引发信任危机。

（4）前后不一致的价格和政策，引发不同时段客户的反感。

（5）技术不过关、产品质量问题引发的客户不满，人员态度引发的客户反感都可能引起客户投诉。

在处理客户投诉时，美容顾问首先要遵循以下两条：第一条：顾客永远是对的；第二条：如果有任何疑问，请参考第一条。对于任何一个服务性企业来说，这两条规定都可以奉为真理，只是现实中没有几家企业真正做到这一点。

那为什么要解决客户投诉呢？因为如果你根据顾客的意愿解决了顾客的问题，有70%的顾客会继续跟你有业务往来。解决顾客问题速度越快，顾客成为回头客的可能性就越大。我们美容院缺的就是回头客，老客户越多我们的服务和经营就越轻松。所以谁来接待投诉，如何处理投诉，都是我们应该格外关注的问题。但是很多美容院没有专门处理投诉的人员，一有事情发生，大家就推推搡搡，不知如何办？而最终总得有人出面处理，于是，那个最常出面的人成了经理，哪怕她刚进公司时和我们没什么不同，与客户打交道最锻炼人的能力，与难缠的投诉客户打交道几乎就是对服务人员的考验。我们如果记住客户永远是我们的朋友，她的脾气和表情难看只是她的心情不好，并不代表她对我们个人有什么偏见，我们就会以始终如一的热情接待每一位顾客，对表现最坏的客户也是如此。在不同地区不同的美容院处理投诉时虽然问题不一，但是原则还是有的。

在处理客户投诉时，起码要做到以下五点：

（1）承认自己的错误，并向顾客道歉；

（2）提出解决问题的方法；

（3）尊重顾客的抱怨，承认顾客是对的；

（4）引起顾客愉快的回忆，或者描绘美好的未来；

（5）向顾客致谢，感谢顾客的抱怨。

要知道，客户的投诉是因为她还重视我们，我们还有改过机会。否则，我们永远不知道客户为什么离弃我们。对客户投诉以最快速度处理后，还记得要用得体的语言联络感情：

"希望您仍旧对我们美容中心保持信心，也衷心希望您继续惠顾本中心。"

对打电话投诉的客人说："感谢您与我们联系，对于您的遭遇我深表歉意。我们马上进行情况调研，并研究解决方案，我们会给您详细答复，敬请放心。"

☞ **特别提示**：处理投诉时，我们要做到以下六点：

第一，仔细听顾客的抱怨，绝不打断顾客的说话。

第二，让惹起这个麻烦的员工得到应有的教训。

第三，如果这位顾客仍然不满意，老板或经理应该亲自解决。把这个后续事宜揽过来，亲自负责。"××女士，您所遭遇的事情我深表歉意，我代表美容院的所有员工向您说声对不起。您所指出的问题已完全处理好了，有关人员也受到了应有的处罚，您放心吧！"

第四，如果错在公司，我们会承担所有直接和间接的损失，并补偿顾客。比如，因为制度不严密，客户价值万元的项链丢了，要索赔，美容师不愿掏钱，不承认自己拿了。美容院赔不赔呢？不管有没有制度来防止客户的物品丢失，出了事是一定要决策的。重视客户的影响，就是先赔，后改进管理，以后避免发生同样的错误；看钱，就不赔，客户也拿不出一定在这里丢失的证据。然而，如果按后者执行我们会失掉不止一个客户。所以，遇到投诉，没有什么谁有理的问题，只有一个原则问题。一切在于我们美容院自己的原则导向。

第五，如果错在顾客那边，有的美容院就会不让步，觉得自己吃亏了。我们的原则假如你是客户为先，就尽量吃亏，并依然对顾客做出一定的补偿。比如，"×小姐，您好，我正在电脑里查找有关您的资料。如果您愿意，我不挂电话。可是找资料至少需要10分钟，要找到负责此事的经理，也许还要更久。可不可以这么做，我在半个小时内肯定给您回电，而且我会告诉您事情进展的最新状况。万一我还是没回电，您可以找我们院长直接处理，这样可以吗？"

第六，如果是产品或者管理问题，就一定进行专门培训，避免同类问题的发生。

☞ **不能犯的错误：**

（1）只有道歉，没有进一步行动。

（2）把错误归咎在顾客身上。

（3）做出承诺却没有实现。

（4）完全没有反应。

（5）粗鲁无礼。

（6）逃避个人责任。

（7）非言语的排斥。

（8）质问顾客。

106. 如何让员工掌握处理顾客投诉的技巧？

答：顾客投诉并不可怕，可怕的是顾客在接受你的服务后虽不满意也不投诉，只是再也不来了。从女性的消费心理分析：喜欢投诉的人说明她对你的美容院和服务很在乎，并通过投诉让你的各种技术服务得到全面的提高和完善，达到其心理期望，从而成为美容院忠诚的顾客；不投诉的顾客说明她对你的美容院并没有太大的兴趣，一旦技术服务不到家，她就会重新选择。所以美容院要根据自身的技术服务优势，突出经营特色、形象口碑，力求按顾客的投诉及时调整自己的经营策略和经营方向，以满足顾客的最大化需求，尝试培养一些忠诚顾客和核心顾客，来影响其他新顾客对美容院的认可和信赖。所以处理投诉的人员素质和技巧培养也应该成为美容院经营管理的重要内容。

（1）设立客户投诉记录本。避免老板不知道客户投诉，员工为了避免麻烦或考核隐瞒客户投诉。

（2）专业培训和专人处理投诉是一个比较好的方法。处理纠纷和投诉的人员素质和情商要高。懂得为客户着想，最好具有亲和力。经过专业培训以后，会了解纠纷的处理步骤，其实，这也可以从日常处理投诉中得到锻炼。

（3）美容院要赋予专职人员一定的权限，以使她能在权限内快速给予顾客补偿。

（4）对投诉的情绪反应，投诉的时间长短，投诉处理的结论，如何在管理上形成制度并行之有效同样对结果产生重大影响。

☞ **特别提示**：除了老板外，指定专人处理客户投诉，避免当着客人面打电话请示老板如何处理。有经验的店长应该被赋予一定的权限，或金额补偿，或产品赠送。当然这也取决于美容院老板对投诉的重视程度。

☞ **不能犯的错误**：只有老板有决定权，处理结果跟老板的心情有关，员工和管理人员表现出对客户的态度冷漠。

107. 美容院的老顾客为什么会流失？

答：在美容院市场的调查过程中，几乎每一家都会有同样的问题：老顾客为什么会大量流失？

在回答这个问题之前，我想先谈一下顾客流失的后果。我们都知道开发一个新顾客的成本是留住一个老顾客的 5~6 倍。如果一个老顾客每月消费 400 元的话，她的流失，一年会给你造成的损失就是 5000 元，这还不包括她随机性地购买客装产品或美发美体消费等。另外潜在的影响就更大，一般来讲，一个不满意的顾客会将自己不幸的遭遇向 10~20 个人诉说，按其中 20% 的潜在客人因此不来消费的话，每个人也按一年 5000 元来计算，总的损失就是 2 万元，如果一年流失的客人在 10~30 人呢，损失是不是一个很惊人的数字呢？这样的损失可能就是一家美容院 1~2 年的利润！

顾客为什么会流失呢？

（1）因服务价值低劣而流失。价值是产品质量在价格上的功能体现，也是人员服务在行为上的客观感受。以次充好的产品和粗疏的服务会将顾客拒之门外。由于顾客感到从产品和服务中得到的感觉低劣，缺乏超值感觉，因而流失。

（2）因服务系统残缺而流失。"服务系统"就是把产品和服务传递给顾客的过程。顾客到你的美容院里来接受服务将面临许多环节，如美容院所处的位置、顾客来时是否方便、有无停车位、预约电话是否通畅、顾客的消费资料是否完整保存、无论繁忙或空闲时提供的服务是否一样、新客和老客的待遇是否一致。所以我们认为"服务系统"是良好经营的关键，我们出问题的地方往往就是在各个环节上，所以要做好系统性的工作，就必须要进行科学的设计和积极地对员工提供适当的培训。

（3）因员工服务表现不佳而流失。因人员而流失常常源于沟通方面的问题，不能进行有效沟通的员工，很容易引起顾客的愤怒。常见的因员工而流失的例子包括：对顾客没有问候或微笑，传递不准确的信息或缺乏应有的产品知识，与其他员工聊天或接打电话以至于忽略对顾客的注意，鲁莽或漠不关心的态度，强硬的推销，不得体、不卫生或太随意的外表和装饰，让顾客感到不快的语言沟通，等等。一般这些情况的发生是无意识的。主要也是因为员工不会有效地和客人进行沟通，因此，学习和了解沟通的方法，对于美容师来说是一门迫在眉睫的培训课程。

每个人对自己所获得的服务都有些怨言，在大多数情况下，怨言并非什么了不起的事。但小怨言不断积累，就会造成顾客的流失，对此我们要有足够的认识和正确的应对。

（4）因价格体系不合理或者产品暴利而流失。在越来越多的产品可以在网上购买以后，在店里购买同样产品却支付了过高价格的客户深感受伤，所以，在耗卡后不顾多年交情转而选择其他美容院。

（5）因为出现了更有利更合乎要求的竞争对手而消失。美容是一个常新行业。关于时尚护肤健康美丽的所有流行都在此聚焦。在这种集散地，如果装修陈旧、设备不良、产品十年一贯制、服务十年不进步，被新入者或大的品牌店争夺高端客户都是正常表现。客户花钱买满意，不一定非吊死在一棵老树上。只有不断进步才能不被超越，不被客户抛弃才能蒸蒸日上。

☞ **特别提示：** 与其去抓住不存在的顾客，不如通过优质的服务管理留住现有的老客，因为美容业也是一个靠口碑传播的行业。与其在一种产品上赚取暴利，不如在服务上长期赚钱。

☞ **不能犯的错误：** 只认新人的一次消费，忘了老客人的常年光顾。越亲越疏。

108. 美容院应该怎样着手解决客户流失问题？

答：通过学习认识问题。组织员工认真分析顾客流失对美容院造成的损失有多大，从而提高全体员工对这个问题的认识。

通过调查分析问题。通过与员工和顾客面谈或设计不同的问卷来调查顾客不满意的问题点，逐条列出，进而找出解决问题的办法。

通过体验找出问题。有的时候我们只有亲身去感受才能体会到问题的所在，美容院院长或主管有时间一定要到别人开的美容院里去接受服务，通过对比，才能真正发现自己的问题所在。

通过培训解决问题。既然大多数顾客流失是一线员工造成的，我们就应该下力气去培训员工，学习如何向顾客提供优质的服务，由于美容院的员工流动性比较大，所以有的员工没有受到正规的从业培训就上岗工作，从而向顾客提供了劣质的服务，造成了顾客流失。所以岗位培训是必不可少的。

通过制度留住顾客。美容院必须建立健全各项规章制度，设计完善的服务流程，从根本上去保障优质顾客服务体系的正确实施，从而留住顾客，创造最大化利润。

通过合理设计利润保护客户的利益不受损失。避免过度伤客的盲目欺骗。

通过建立客户管理系统和考核，把客户流失和美容师服务挂钩，对留住客户最见效。

☞ **特别提示**：安排专人盘点现有客户档案，调查从开业至今有多少老客户悄悄不见了。将每个客户的服务落实到具体的行为上，专人服务，专人检查。要安排专门的客户服务人员跟进服务。

☞ **不能犯的错误**：不培训员工服务客户的方法，只让员工打客户电话，形成对客户的骚扰。或让美容师联系客户，形成客户只认人不认店的倾向。只短期卖钱不做长期打算，极度缺乏对经营的合理规划。

第三部分▶
附件

附件1 店长岗位职责

岗位	店长	岗位编号	×××
直接领导	总经理	直接管辖员工	分店全体员工
岗位职责	<p>总职责要求：对本店日常经营、人员管理及店内所有设施的安全负有主要责任，确保本店日常经营规范化、效益化、安全化</p><p>1. 销售任务</p><p>(1)店长需带领全体人员完成公司每月下达的销售/服务任务</p><p>(2)对下达到店的每月销售/服务任务，需根据岗位实际，分摊到各组，并需指导协助组长将任务合理分配到各组成员</p><p>2. 业务工作</p><p>(1)根据时间、特定假日等时机，适时制定出不同的促销策略，报总经理批示后实施</p><p>(2)熟练掌握全店产品、项目的单价、成分、配料、操作流程和不同的折扣点；熟练进行全店仪器的操作指导，并熟知仪器的性能和原理</p><p>3. 人员管理</p><p>(1)对各组员工日常的考勤进行监督，如有违反考勤规定的，应按相应条款处罚</p><p>(2)合理安排员工排班和补钟</p><p>(3)随时对员工的工作表现及卫生情况进行检查和监督，并现场打分，如有问题当场纠正</p><p>(4)协助财务做好收银管理工作，每月、每周、每天定时对美容顾问的出/入账单进行审核</p><p>(5)及时处理客户投诉，避免事态扩大。按照公司规定对相应人员做出处理建议，上报总经理后实行</p><p>(6)做好店内顾问主任和美容主任的帮带工作，为公司持续发展打造坚固的管理骨干平台</p><p>4. 培训支持</p><p>(1)协助培训技导编制公司新产品、新项目员工讲义</p><p>(2)协助制订公司年度培训目标，季度、月度、周度培训计划，根据员工对培训的安排意见，提供建议</p><p>(3)每周应了解现时员工业务缺乏点，并根据实际考核情况，报培训技导，制订下周培训计划</p><p>(4)对新进员工根据不同的业务熟练程度，分别进行店内或安排部门内强化培训，在保证质量的前提下，缩短新员工上岗时间</p><p>(5)配合培训工作，协调好各部门、各人员之间的工作关系，确保业务的正常进行</p><p>(6)负责对人员进行各种形式的考核、成绩的评估，进行登记汇总后上报办公室，为公司人事调动，人员定级、晋升提出依据</p><p>5. 日常管理</p><p>(1)主持分店每周一的例会。例会对上周的工作情况做以总结，并对本周工作提出要求</p><p>(2)定期参加公司相关会议，了解公司近期经营方向，并贯彻落实公司近期出台文件及规章制度</p><p>(3)店长有责任在公司规章制度、业务、操作流程上对新员工进行传、帮、带</p><p>(4)本店人员排员工更期表、考勤及管理</p><p>(5)上级主管临时交付的其他工作</p>

岗位		店长	岗位编号	×××
直接领导		总经理	直接管辖员工	分店全体员工
岗位职责	对上应履行之义务	1. 在规定时间内保质、保量地完成上级主管交与的其他工作 2. 每周一将本店上周工作总结交办公室存档，每月提出 1~2 项合理化建议上报办公室 3. 每月 1 日前向总经理汇报本店经营及人事管理情况 4. 每月底 20 日前协助办公室制订本店次月销售/服务计划 5. 培养、推荐优秀员工		
	对下应行使之权力	1. 对下级有培训、指导的义务，并对员工顺利完成工作提供支持 2. 按日安排分店行政事务，并上报细则 3. 协助各部门主管解决实际问题，教导具体方法 4. 每周主持公司业务例会 5. 根据员工反馈本的记录，协调投诉处理后及时报总经理。经批示后建档，以有助于总结及解决问题		
	工作交叉界面	总经理、各职能部门、各分店、客户		
任职资格		1. 大专或相当于大专文化程度 2. 具备美容师高级劳动资格认证或相当于高级美容师资格 3. 认真负责、诚心敬业、踏实肯干 4. 具有一定的职业技能，熟悉美容业的经营与运作模式 5. 具有良好的业务能力、营销能力、指导能力及协调能力 6. 五官端正、形象大方、气质良好，具管理魄力及亲和力		

附件 2　美容顾问岗位职责

岗位	美容顾问	岗位编号	××××
直接领导	顾问主管	直接管辖员工	无
岗位职责	___		

岗位职责
1. 销售任务 美容顾问在店长的带领下负责公司产品及会员卡的销售，每月按规定指标完成一定数量的营业额 **2. 接待** 要求按专业的流程标准操作。美容顾问应在客户进店前十步远处以眼神致意，五步远处开口问候，以标准站姿及微笑招呼客人，客户进店不得出现无人接待的现象。美容顾问引导客户落座后，应为客户及时准备美容茶。如一名美容顾问同时接待两名客户时，要以先来后到的顺序，后来的客户可先招呼翻阅资料，而后进行咨询 **3. 咨询** （1）美容顾问在接受客户咨询时，应先仔细询问客户需求，再针对其需求利用专业知识为客户解决问题，直到最后成功销售。美容顾问在咨询后，应为顾客出台治疗方案，选择适合产品，在顾客同意的前提下，达成销售目的 （2）顾客准备付款时，美容顾问应及时准备好相应的单据及填写客户档案供顾客阅览及确认并付款 （3）美容顾问接听客户电话咨询，应按照电话咨询流程进行。美容顾问要详细记录客户咨询内容及解决方案。如不能及时解决的问题，记录后当天应反馈给直接领导并做好跟进工作 **4. 服务** （1）咨询结束，美容顾问应主动介绍负责为客户服务的美容师，并告之美容师该顾客的基本情况及需求 （2）当顾客需将贵重物品寄存于前台时，美容顾问应做好登记和保管工作，做好与美容师的交接工作 **5. 工作交接** （1）当班美容顾问在工作结束时应检查单据是否填写齐全、新顾客档案填写是否齐全等事项。对所收的现金及票据进行审核，有无错、漏收款等 （2）进行交接的美容顾问双方应进行单据、票据的清点，现金的清点、核算，并交接工作中注意事项及客户物品托管等未完成工作 **6. 档案管理** （1）专属客人的档案管理，客户服务的售后跟进。档案管理要按照卡别、姓名、开卡时间分别进行管理，以便使用及拿取时更方便、快捷。定期对开卡顾客及老顾客进行电话回访。电话回访应按电话回访流程严格进行 （2）美容顾问每周一需将上周所有新开卡客户及咨询客户资料表汇总后交主管上报办公室；每月5号之前将前一个月未进店老顾客电话回访记录上报办公室 **7. 客户电话拜访** （1）新开卡顾客在做完项目两天内，美容顾问应主动电话回访，并做好记录 （2）专项卡或一疗程结束的顾客一周内，美容顾问应主动电话回访，并做好记录 （3）一个月未进店顾客，美容顾问应主动电话回访找寻原因，做好记录并上报办公室

续表

岗位	美容顾问	岗位编号	×××
直接领导	顾问主管	直接管辖员工	无

岗位职责	8. 促销工作 （1）美容顾问应及时深入了解公司新近出台的促销方案，主动与客户联系，耐心细致地向顾客讲解。当有顾客进店咨询时，应详细介绍此促销方案及优惠政策。如有客户实施此促销方案时，应及时进行登记并反馈给上级主管 （2）如有要求需美容顾问外出进行促销活动，应服从安排，听从指挥 （3）美容顾问应对每一次公司实施的促销方案带来的销售额进行及时、详细的记录，并根据记录的数据进行分析，上报主管 9. 业务培训 （1）美容顾问应参加公司组织的各种业务培训，不得无故缺席。培训时应认真听讲，做好笔记 （2）美容顾问还应利用工作之余多学习业务知识，提高自己的素质，并多向业务精湛的同事学习，将学到的业务知识更好地运用到工作中去 （3）美容顾问应熟练掌握公司所有美容项目的单价、用途、操作流程及不同的折扣点；熟练掌握公司所有产品的单价、成分、使用方法及折扣点 10. 清洁卫生 美容顾问应在每天当班前半小时对前台及顾问间进行清洁及整理。前台不可有多余杂物，物品摆放应到位、整齐。地面干净无污物，玻璃明亮无水渍。产品陈列柜中的产品摆放整齐无灰尘。如有不妥，应提醒清洁人员及时打扫，直至达到检查标准 11. 准时参加公司周例会，定期参加公司相关会议，了解并贯彻落实公司近期出台文件及经营方向 12. 美容顾问有责任在公司规章制度、业务、操作流程上对新美容顾问进行传、帮、带 13. 上级主管临时交付的其他工作

要求美容顾问上报的资料 （1）前一周的新客户资料：留店的新客户资料；未能留下的客户资料及原因 （2）老客户一个月未进店，美容顾问进行电话回访，将原因上报 （3）近期实施促销方案，此部分顾客进店人数及消费金额记录表。周工作报表，月工作总结

	对上应履行之义务	1. 服从领导安排，听从指挥 2. 在规定时间内保质、保量地完成上级主管交予的其他工作 3. 在工作中出现问题，应及时上报主管 4. 定期提出合理化建议
	工作交叉界面	店长、顾问部、配料员

岗位	美容顾问	岗位编号	×××
直接领导	顾问主管	直接管辖员工	无
任职资格	见习美容顾问 1. 高中以上文化程度 2. 五官端正、皮肤光洁、口齿伶俐，具备一定的营销能力和沟通能力 初级美容顾问 1. 高中以上文化程度 2. 五官端正、皮肤光洁、口齿伶俐，具备一定的营销能力和沟通能力 3. 见习美容师三个月以上工作经验；且见习期间无严重违规事件及责任事故 中级美容顾问 1. 大专或相当于大专以上文化程度 2. 具备美容师中级劳动资格认证或相当于中级美容师资格 3. 初级美容顾问一年以上工作经验，且定级前三个月无严重违规事件及责任事故 高级美容顾问 1. 大专或相当于大专以上文化程度 2. 具备美容师高级劳动资格认证或相当于高级美容师资格 3. 中级顾问一年以上工作经验，且定级前三个月无严重违规事件及责任事故 备注： 所有新聘员工入公司后按上述标准并经考核合格后，确定其相应岗位级别；员工需达到上述各级别要求所有标准，及经考试考核合格后方可晋升。如对公司有突出贡献，或销售业绩连续三个月名列前茅者，可适当放宽条件，报批总经理批准后，方可晋级		

附件 3 保洁员岗位职责

岗位	保洁员	岗位编号	×××
直接领导	店长	直接管辖员工	无
岗位职责	1. 服务 保洁员应尽量回避有顾客在的场合，如在清洁工作中遇到客户，应主动向客户问好并礼让 2. 清洁卫生 （1）保洁员应在每天上午客人未进店前对美容院所有公共区域卫生进行打扫，对死角地带要彻底清洁 （2）保洁员在每天晚上客人离店后，应对美容院所有公共区域卫生进行打扫 （3）保洁员在营业期间，在半小时左右要对洗手间、浴室、走廊、配料房、美容房等公共场所进行巡视，发现问题应及时进行清理 （4）保洁员应每天对顾客用过的床单、毛巾进行清洗，至少两次（上午和下午各一次）。并将其晾晒、折叠、整理、归类 （5）保洁员应每天对美容仪器进行擦拭和保养 （6）保洁员应在每月月底或月初对美容院所有公共区域进行卫生大扫除，其中包括窗帘及桌布的清洗、花草的维护、废品的清理 （7）保洁员应至少两天对办公室卫生进行清理 3. 信息反馈 （1）保洁员在工作过程中，如发现公共物品损坏，应及时向店长反映；如发现工作人员破坏公共卫生，及时加以制止，不服从者上报店长处理 （2）在工作中如有意见和建议应及时反馈店长 （3）清洁用具及清洁用品损耗完毕前两天，保洁员应及时向店长反映，及时购买 4. 准时参加公司周例会，了解并贯彻落实公司近期出台文件及经营方向 5. 上级主管临时交付的其他工作		
对上应履行之义务	1. 爱护公司财物，小心使用，节约不浪费 2. 服从店长及主管的安排，完成公司交代任务 3. 经常向上级提出合理化建议		
工作交叉界面	美容部、顾问部、配料		
任职资格	1. 初中以上文化程度 2. 身体健康、五官端正，具备一定的表达能力 3. 吃苦耐劳，具有责任心		

附件 4　美容院经营管理文件

类别	流程	文件名称	附属文件	备注
人力资源	招聘	招聘与录用管理制度	员工档案	
			聘用合同书	
			员工保密协议	
			担保书	
	离职	离职管理制度		
	培训	新员工辅导员制度	培训协议	
	薪资	薪资制度	提成/奖金试行方案	
	奖惩	员工奖罚制度		
	绩效	绩效管理制度	岗位说明书	
行政	行政管理	办公室行政管理制度	员工仪容仪表规定	
		办公及业务用品管理制度		
		电脑及办公设备管理制度		
		电话/传真管理制度		
采购	采购管理	采购管理制度	采购分类准则	
		产品出/入库管理制度		
文控	文件管制	文件管理制度	文件编号准则	
			文件撰写准则	
		档案管理制度	档案分类办法	
			客户原始资料及消费统计	
			档案管理范围说明	
服务	顾问	顾问标准销售流程	美容顾问销售标准话术	
	美容师	美容操作标准	美容师操作指导书	
	配料作业	配料服务管理制度	配料作业指导书	
	跟进	售后服务管理制度	电话跟进标准话术	
总务	安全管制	安全管理制度		
	福利	员工福利制度		
	员工关系	宿舍管理制度		
		图书管理制度		
财务	合同管制	合同管理制度		
	印章使用	公司印章使用管理制度		
	证照管理	证照管理制度		
	费用管理	财务支出及核销制度	票据核销规范	

附件 5　美容顾问标准话术流程

（顾客进入顾问间坐下）

顾问：小姐，你好！请问怎么称呼您呢？

顾客：我姓张。

顾问：张小姐，你好！我是×××的美容顾问×××，很高兴今天能为您服务！张小姐，您是第一次来我们这儿吗？请喝水！

顾客：我上次陪朋友来过一次。

顾问：是吗？怪不得觉得您挺面熟呢，您的朋友做的是什么护理呢？

顾客：超时空皮肤主宰仪。

顾问：我们刚刚从意大利引进的。您的朋友对护理的效果还满意吗？

顾客：满意。

顾问：张小姐，您是不是也想选择超时空皮肤主宰仪呢？

顾客：是啊，我想祛痘。

顾问：没问题，请您放心，这部仪器在治疗青春痘方面是利用镭射激光对问题皮肤进行照射，杀灭细菌，效果非常神奇。我们同时还有一个日本产品也能解决青春痘的治疗问题。请问张小姐，您对仪器和产品哪一种感兴趣呢？

顾客：我也不知道。你看呢？

顾问：张小姐，先让我带您去做一个免费的皮肤测试，好吗？

顾客：太好了。

（测试完毕）

顾问：张小姐，您皮肤的基本状况不错，除了这些青春痘。由于皮肤正常的生理代谢周期是 28 天，您要彻底治愈暗疮至少需要一个月左右的护理。这期间您可以看到暗疮一次比一次减轻，皮肤变得越来越光滑、细腻，如果使用仪器进行治疗，效果很快，如果增加补水产品护理的话，效果会更显著。如果使用产品做治疗的话，也有很好的效果。

（笑，停顿，看顾客反应，递给客人设计好的护理方案）

顾问：张小姐，这是我为您专门设计的护理方案，考虑暗疮性皮肤一旦控制不好便容易反复，我为您设计先做两个疗程的单项治疗，使用仪器，再加上两个疗程的专业护理，使用日本产品。一共 45 次。如果您一个月来 4 次的话，起码解决了您一年内皮肤的专业治疗和护理。我建议您开一张综合卡，这样您可以获得更多的优惠。

（观察顾客的反应）

我们的卡费可以做现金抵扣，这样一来您的消费最低可至 2 折。比如刚才为您设计的方案 2 折后只需要 156 元一次，而单次价格要 880 元，每次节省了 700 多元呢。

（翻到资料册会员卡一页递给客人）

这是我们会员卡的详细资料。我们有四种会员卡，您可以根据需要自由选择！

（停顿，观察顾客眼神）寻找顾客中意并停留的地方。

顾问：张小姐，您的这套护理如果用金卡消费每次只需 156 元，用钻石卡消费每次只需 128 元。

顾客：要不，我先试开一张钻石卡吧。

顾问：钻石卡，是吗？您真有眼光。

（边说边开单，然后递给客人）

顾问：张小姐，请问您是现金缴费还是刷卡？

顾问：好的，张小姐，这是您的会员卡，请收好。张小姐，我还要告诉您一个好消息，您这次项目是免费赠送的。

顾客：是吗？

顾问：当然，这是我们为会员提供的优惠之一。首次免费赠送，另外，还有其他价值 3840 元的项目赠送，我会为您在卡上一一注明的。请放心。

（带客人与美容师交接）

顾问：李红（美容师），这是我的客人张小姐，她今天选择的是 A25 激光祛痘印组合。

顾问：张小姐，这是今天为您指定的专业美容师李红，她的技术非常优秀，请您尽管放心，在整个操作过程中您有什么需要可以直接向李红提出来，相信她的服务一定会让您满意。张小姐，您还有什么疑问吗？如果没有，我们待会儿见。

（客人美容结束后，刚出门，立即迎上前去）

顾问：张小姐，您真漂亮，差点认不出来了。您对我们的服务和效果还满意吗？

顾客：挺满意的。

顾问：那太好了，再喝杯水好吗？

顾客：不，我还有事。

顾问：哦，张小姐，如果您不介意的话，我会再跟您电话联系。您有什么问题，也可以直接给我电话，这是我的名片（递名片），我叫××，是您的专属美容顾问，很荣幸今天能为您服务，也谢谢您对我的信任，您慢走，再见！

第四部分▶
练习

练习 1　做一个目标设定练习

实现设定的年度目标的方法与步骤

（1）写下明年想达成的所有目标。美容院、家庭、房子或车子、产品推广等。

（2）选出最重要的四个目标：月度收入、年度收入或项目销售或者做客数。当然结婚找个什么样的爱人也可以描述清楚。将其具体化、明确化。

（3）选出核心目标作为第一个优先目标，其余三项依重要程度排列。

（4）定出每项目标具体完成期限，越细越好。

（5）列出须具备哪些能力、条件、知识，要做（完成）哪些事。

（6）列出每月的计划及核心目标（收集信息，请教成功者）。

（7）列出每周的重点，及时检查是否达成。

（8）写下有哪些原因或在什么情况下会妨碍目标达成，并列出发生时的解决方案。

（9）写下为何一定要达成？达成有什么好处？不达成有哪些损失？

（10）立即行动。

（11）运用潜意识力量。

（12）定期（天天）检查进度及计划有无修正之处。

（13）坚持到底，绝不放弃（修正计划，别修正目标）。

☞ **特别提示**：幸福和成功的人就是有明确目标导向的人，如果我们没有事业的目标，那么，吃饭也会变成目标的。为什么不从现在开始做一个有明确目标的管理者？心动不如行动！快开始吧！祝您成功！

练习2　看看自己对员工拥有怎样的影响力

美容院经理对员工影响力的测验

运用一个三级标准，描述一下在多大程度上你同意下面的陈述：不同意（D）；中立（N）；同意（A）。在每个问题的选择项之一上画圆圈。

（1）如果我发现某位员工犯了一个错误，我不会向她指出这个错误	D　N　A
（2）和同事分享技术和观点应该是每个人职责的一部分	D　N　A
（3）经理在工作时间内对员工的指导应该负有责任	D　N　A
（4）我可以想起我生活中很多这样的情景：有人对我指导他或她如何行事表示感谢	D　N　A
（5）我对那些不和我完全合作的同事没有很大的耐心	D　N　A
（6）为了节省时间，我会自己帮另一个人做事而不愿花费我的时间来教他或她做这件事	D　N　A
（7）我愿意主动照顾一个没有经验的工人	D　N　A
（8）孩提时代，我经常花费时间教更小的孩子如何做事	D　N　A
（9）我不会向同事寻求帮助，相反我会等经理来帮助我	D　N　A
（10）最好不要和同事分享重要的信息，因为以后那个人可能会和我干得一样好或比我干得更好	D　N　A

评分和解释：运用下面的评分答案得出每一个答案的得分，然后计算你的总分。

1. D = 3，N = 2，A = 1

2. D = 1，N = 2，A = 3

3. D = 3，N = 2，A = 1

4. D = 1，N = 2，A = 3

5. D = 3，N = 2，A = 1

6. D = 3，N = 2，A = 1

7. D = 1，N = 2，A = 3

8. D = 1，N = 2，A = 3

9. D = 3，N = 2，A = 1

10. D = 3，N = 2，A = 1

25~30 分　如果你的得分在这个范围，你对工作场所帮助、培训和指导别人的行为持非常肯定的态度。这样的态度反映出对别人成长需要和坚强的团体精神的极大关心。

16~24 分　你混淆了对工作场所帮助、培养和指导别人的行为肯定和否定的态度。为了让别人认为你是一个强有力的支持者和一个通力合作者，你有必要培养对别人成长需要的更强的敏感性。

10~15 分　你对工作场所帮助、培养和指导别人的行为持否定的态度。你应该警惕以自我为中心，以免对你不利。

后　记

再版这部行业管理的书稿是因为要书的人太多，自己都不好意思说没有了。而且，进入这个行业研究的第 15 年，我自己也认为有必要再回头修订一下这部多年前的书稿，使美容行业的进入者能够在这些简单的管理问题上少走弯路。这也是对所有参与我的管理训练和大型讲座的学员们的一种感谢。希望这些经验能够为她们带来一点实际的帮助。

还有许多具体的问题和建议，比如美容行业最关心的人员培训、连锁发展、销售培训、产品设计等细节问题，受到体裁限制，没有在本书中展开，有需求的人士请参考我的第二部专著《金牌美容顾问销售实战教程》，并欢迎大家登陆我们公司的网站 www.maxwellsz.com，同时，也可以通过 QQ（382903109）和我们联系。